Die intergalaktische Friedensmission 2012

Vywamus / Petronella Tiller

Die intergalaktische Friedensmission 2012

ch. falk-verlag

Originalausgabe
© ch. falk-verlag, seeon 2010

Umschlaggestaltung: Dirk Gräßle
Satz: P S Design, Lindenfels

Druck: Druckerei Sonnenschein, Hersbruck
Printed in Germany

ISBN 978-3-89568-222-3

Inhalt

Vorwort – mit intergalaktischen Neuigkeiten – von Vywamus 7
Begrüßung durch Vywamus 29
Privates über Vywamus – von Vywamus 33
Ein Engel stellt sich vor 47
Die Straße des Vergessens – von Vywamus 51
Meditation mit Vywamus 66
Die Straße der Transformation – von Meister St. Germain . 71
Meditation mit Meister St. Germain 89
Thoth, euer alter atlantischer Lehrer 90
Erzengel Michael 102
Uranus, die Heimat von Mikay 114
Friedensdemonstration in der Galaxie nahe der Erde –
  von Vywamus 124
Serapis Bey 135
Maria 139
Jesus 142
Eine kosmische Entführung – von Vywamus 145
Meditieren mit Vywamus 169
Drei, die nach Erfüllung suchen 173
Thor – Erfahrungen in der dunklen Welt 178
Lenduce appelliert an unsere Lichtarbeitercrew 187
Sokrates, der große Grieche 190
Lady Gaia dankt 199
Abschlusswort von Vywamus 202
Abschlusswort der Autorin 204
Über die Autorin 205

Vorwort mit intergalaktischen Neuigkeiten von Vywamus

Gleich zu Beginn möchte ich euch gerne in meine Arme schließen und euch als göttliche Wesen, die mir in Kürze auf einer Ebene meines Seins gleichberechtigte Partner sein werden, in meinem Herzen willkommen heißen. Ich möchte eure Schwingung so anheben, dass ihr mir auf dieser Ebene begegnen und an meiner Seite aktiv werden könnt. Bitte erteilt mir hierzu eure Erlaubnis.

Ihr werdet später verstehen, was ich mit „gleichberechtigte Partner" meine. Zunächst erbitte ich lediglich eure ungeteilte Aufmerksamkeit für das, was ich euch jetzt mitteilen werde.

Ich danke euch!

❋ ❋ ❋ ❋ ❋

Ich bitte darum, die kosmischen Informationen, die ich neben weiteren Hinweisen zu eurer Entwicklung im Vorwort gebe, soweit es euch möglich ist, als weitestgehend neutrale Berichterstattung anzusehen. Da Neutralität ja bedeutet, dass man alle Arten von Emotionen und Beurteilungen ausschließt, habe ich „weitestgehend" gesagt. Denn der Liebe für alles, was ist, solltet ihr schon erlauben, euch beim Lesen der Informationen ebenso zu leiten wie beim Lesen der anderen Texte im Buch. Sie ist in einem jeden von euch zugegen und wartet nur darauf, angesprochen zu werden, um handeln zu können.

Es gibt eine Art von Emotion, die dabei hilfreich ist und die ich liebend gerne von euch spüren würde, während ihr die Informationen lest. Es ist die Emotion der stillen, tiefen Freude in euch, die liebevolle, das Herz erwärmende und erweiternde

Gefühle hervorruft. Diese Emotion ist sehr sanft und wohltuend, und zwar für alle Beteiligten. Durch sie entsteht eine wundervolle Schwingung, die sehr dazu beiträgt, die noch vorhandene Angst, welche eventuell beim Lesen der Informationen bei einigen von euch auftauchen könnte, abzubauen.

Denn schaut, Angst ist in vielen Facetten noch immer bei jedem von euch vorhanden, und einige dieser Facetten liegen sehr tief in eurem Unterbewusstsein versteckt. Ängste können nur nach und nach aufgelöst werden. Denn sie setzen sich schichtweise zusammen, ähnlich wie ihr es bei einer Zwiebel sehen könnt. Mit jedem spirituellen Entwicklungsschritt, den ihr vorangeht, wird eine Schicht der Schalen der Angst an die Oberfläche geholt, damit der Mensch sie sich ansieht und auflösen kann. Dies ist selbstverständlich eine freiwillige Sache, an der auch euer Verstand beteiligt ist.

Die Auflösung des Angstpotenzials muss schon dem ganzheitlichen Körper bewusst werden. Denn dieses Potenzial setzt ungeahnte Kräfte in euch frei, die wirklich von jeder Zelle eures Körpersystems verstanden sein wollen. Wäre dies anders, so könntet ihr unter Umständen eine Verwirrung eures Verstandes erleben, die euch wieder in das alte Muster zurückschicken würde, also statt Ängste aufzulösen, sie erneut zu festigen.

Durch Bewusstwerdung der Ursachen und letztendlich des Urverständnisses um die irdische, doch auch die ganzheitliche Existenz ist die Basis geschaffen, Angst auch in ihrer Ursache auflösen zu können.

Ist das dem Menschen erst einmal wieder wirklich klar, so verschwindet jede Art von Angst, und zwar restlos. Denn er hat sich dann selbst zur Basis seiner Existenz begeben, sie klar wiedererkannt und selbst in seiner menschlichen Bewusstheit entschieden, die Ängste loszulassen, was bedeutet, sie umzuwandeln und somit endgültig aufzulösen. Denn im Falle des Erkennens seiner selbst und all der Gründe seiner Existenz erkennt der Mensch dann auch, dass Angst verhindert, reine Liebe zu sein; dass Angst quasi das Pendant zur Liebe ist. Doch, wie gesagt, dies alles geschieht schrittweise.

Ich bin in eure Schwingungsebene eingetaucht, um euch dieses wundervolle Urverständnis wieder bewusst zu machen. Und mit mir sind viele, viele Wesenheiten gekommen, alle mit der gleichen Aufgabe betraut, die euer Erwachen betrifft. Doch die Art und Weise, wie sie eure Bewusstheit wieder erwecken, ist unterschiedlich, nämlich ebenso unterschiedlich, wie es der einzelne Mensch in seiner Individualität ist. Es heißt bei uns: „Hole jeden dort ab, wo er steht." Und dies scheint immer noch die wirkungsvollste Lösung zu sein.

Doch wo der einzelne Mensch steht, ist ihm selbst selten bewusst, und darum schaltet sich die Seelenführung ein. Sie erkennt ja sehr gut, wo der Mensch, der zu ihr gehört, in jedem Augenblick steht.

Die Seelenführung ist die Verbindung der verschiedenen Aspekte der großen Seele des Menschen. Zum einen ist es die Innere Führung, zum anderen der Seelenaspekt und schließlich das Hohe Selbst. Doch es bleibt natürlich jedem selbst überlassen, ob er diese Wesensanteile von sich selbst so differenziert betrachten oder ob er sie zu einem einzigen Anteil seiner selbst, eben so wie er sich auch selbst sieht, zusammenfassen möchte.

Dass wir geistigen Lehrer jeder in seiner eigenen Art dazu beitragen, eure Bewusstwerdung voranzubringen, hat mit dem zu tun, was ihr als Sympathie bezeichnet. Gesteht euch ruhig ein, dass ihr dem einen Lehrer oder auch Engel näher steht als einem anderen. Und erlaubt es euch auch ruhig. Das ist völlig in Ordnung. Denn ihr seid alle Individualisten mit einer ureigenen Schwingung. Und schließlich ist es wichtig, dass die Schwingungen des Lehrers und die des Schülers weitestgehend gleich klingen sollten, um möglichst viel zu erreichen. Und so hat jeder Lehrer seine eigene Anhängerschaft.

Doch jeder Lehrer hat auch die Aufgabe, seine Schüler mit den Schwingungen anderer Lehrer und auch denen der anderen Menschen zu verbinden. Denn schließlich wollen wir alle doch die Einheit wieder wirklich tief in uns spüren, und somit auch der Freude, über die ich vorhin sprach, zu ihrem Recht verhelfen, sich in uns ausdehnen zu dürfen.

So oft ist diese Freude bei den meisten Menschen noch tief in ihnen verborgen. Es ist die Freude, die wie ein seltenes Juwel strahlt und die Umgebung desjenigen, der sie gerade empfindet, in helles Licht taucht.

Die Lebewesen, die diesen Augenblick miterleben dürfen, verwandeln sich für diesen einen Moment. Sie spüren in diesem Augenblick die göttliche Liebe, die auf ihre eigenen inneren Funken der göttlichen Liebe trifft. Die Funken verbinden sich miteinander, und für diesen Augenblick spürt dadurch wieder jeder, was es heißt, ein göttliches Kind zu sein. Und in eurem Falle seid ihr eben das göttliche Kind, das zurzeit auf der Erde weilt.

Viel zu selten empfinden die Menschen dies. Ich hoffe jedoch, dass es mir gelingt, euren liebevollen, göttlichen Kern, zumindest während ihr mein Buch lest, in Freiheit wirken zu lassen.

Freude und Liebe gebiert Mitgefühl und Verständnis für sich selbst wie auch für jedes andere Wesen, das existiert. Und ich bitte euch, euren eigenen Funken der göttlichen Liebe zu erlauben, sich auszudehnen und meine zuvor erwähnte Absicht damit zu unterstützen. Ebenso bitte ich euch, euer Bewusstsein auf eine liebevolle Aufnahme von Informationen einzustellen, und indem ihr auch euer Herz dafür öffnet oder zumindest bereit dazu seid, sind eure Körperzellen ebenfalls darauf eingestellt.

Dies ist ein vorprogrammierter Vorgang, der aus dem feinstofflichen Bereich auf euren physischen Körper Einfluss nimmt. Die erste Programmierung eurer Zellen, bevor ihr euch einen physischen Körper zugelegt habt, ist die gewesen, über die ich jetzt spreche, und sie ist bestimmend für eure Existenz auf der Erde. Denn ihr alle seid aus der göttlichen Kraft der Liebe und Freude entstanden. Die Körperzellen erinnern sich und reagieren deshalb immer sofort auf die Herzöffnung, und die Reaktion beginnt, wie schon gesagt, im feinstofflichen Bereich.

Öffnet ihr also das Herz oder seid auch nur bereit dazu, so nehmen eure Zellen die Liebe aus diesem Bereich auf, erlauben der Freude, sich auszubreiten, und ganzheitliche Heilung setzt ein, unabhängig davon, welches Organ ihr gerade als der Heilung bedürftig spürt. Und was das speziell für euer Verständnis bezüglich dessen, was ich euch erzählen möchte, jedoch auch für jeden Einzelnen von euch und seine naheliegende irdische Zukunft bedeutet, erkläre ich euch im Laufe der weiteren Kapitel dieses Buches genau. Bitte habt noch ein wenig Geduld, meine lieben Freunde! Danke.

Viele Engel der Friedensmission und auch ich werden euch sowohl bei der Herzöffnung unterstützen als auch bei der Einstellung eures Bewusstseins auf die bewertungsfreie, liebevolle Informationsaufnahme, natürlich nur insoweit, wie ihr dies auch annehmen könnt. Denn ich weiß selbstverständlich, dass es ein wenig viel verlangt ist, euch zum jetzigen Zeitpunkt etwas bewertungsfrei aufnehmen und tun zu lassen. Dazu sind noch viel zu viele Ängste in euch vorhanden und gewohnheitsmäßige Verhaltensweisen, in niedrig schwingende Emotionen zu verfallen, was für eure Erfahrungen ja bisher auch von größter Wichtigkeit war. Auch sehe ich eure Bewertungsstrukturen, die noch immer sehr heftig in euch wirken. Zumindest trifft dies auf die meisten Menschen, denen ich über dieses Buch begegne, zu. Ich kann euch nur darum bitten, dass ihr euch uns anvertraut und unsere Hilfe annehmt, die euch vieles leichter machen würde, so wie wir es einst vereinbart haben.

Solltet ihr trotz unserer Hilfe und der Kraft, die ihr für die Herzöffnung eingesetzt habt, während des Lesens in weniger liebevolle Emotionen verfallen, so bitte ich euch, sie nach ihrem Abklingen mit ein wenig Abstand zu betrachten, ohne das berühmte schlechte Gewissen, und euch zu fragen, welchen Hintergrund sie haben könnten. Es ist durchaus möglich, dass ihr eure persönlichen Hintergründe erst beim Lesen der Texte in diesem Buch erkennen werdet. So bitte ich euch auch in diesem Fall um Geduld, solltet ihr zunächst ohne ersichtliche Antwort bleiben.

Ich sehe bei einigen, dass sie gerade eine innere Anspannung aufgebaut haben. Bitte erlaubt mir, euch zu helfen, diese Spannung wieder abzubauen, das heißt, umzuwandeln, und zwar in sehr starkes Interesse. Ich danke euch auch dafür sehr!

Entgegen meiner sonstigen Art, euch zunächst auf das Innigste zu begrüßen und mich mit euch auf meine mir eigene Art zu verbinden, bevor ihr das Buch lest, möchte ich dieses Mal das Vorwort nutzen, um euch vorher intensiv auf das einzustimmen, was einen der Hintergründe unserer jetzigen Zusammenkunft betrifft. Die innigere Begrüßung verschiebe ich ein wenig und erbitte hier ebenfalls euer Verständnis, in der Hoffnung, dass ihr es auch aufbringen könnt.

Denn ich erbitte im Moment viel Geduld und Verständnis von euch, wie mir scheint. Zumindest strahlen die Gedanken einiger Menschen dies aus. Ich erkenne es durchaus an, denn ich weiß ja auch um die Muster der Ungeduld, die einige von euch noch erfahren und die sie manchmal schier platzen lassen wollen. Daher bin ich umso dankbarer, dass ihr mir letztendlich die erbetene Geduld doch schenkt.

Ich habe euch auf den vorigen Seiten einiges über Ängste erzählt und habe so schließlich bei den meisten von euch erreicht, dass sie vieles davon für den Moment loslassen konnten. Vielleicht erkennt ihr dadurch, dass ich euch bereits im Vorwort darauf vorbereite, kosmische Ereignisse angstfrei aufnehmen zu können, denn das ist der Grund für mein Verhalten, schon die Wichtigkeit und die Besonderheit dieses Buches.

Dass auch in ihm viele lehrreiche Informationen an euch weitergegeben werden, ist nur eine Seite des Inhaltes, die andere Seite sind kosmische Begebenheiten. Sie zu erfahren, ist sehr wichtig für den gesamten Aufstieg eures Planeten und seiner Bewohner. Ihr habt euch so weit entwickelt, dass ihr über die nötige Reife zur Verarbeitung der Informationen verfügt, um den Weitblick für die Entwicklung eurer Existenz in den nächsten Jahren zu entwickeln.

Die Informationen, die ich euch gleich gebe, sind für die weitere Bewusstseinsentwicklung und die der Eigenverantwortung des Menschen von großem Wert. Ich werde am Ende des Buches noch einiges dazu sagen. Denn es ist wichtig, dass ihr euch zunächst darauf einlasst. Und hier habe ich gleich zwei weitere Bitten an euch.

Bitte lasst euch mit Hilfe der Liebesschwingungen der Lichtwesen auf die Schwingung des kosmischen, kühlen Bereiches ein. Ich versichere euch, dass ihr geschützt seid. All die Erfahrungen, die ihr mit diesen Bereichen und den Wesenheiten dort gemacht habt, sind vorüber. Macht euch dies bitte sehr deutlich bewusst und vertraut uns.

Auch über die Hintergründe, wie es zu dieser Entwicklung überhaupt kommen konnte, werde ich euch einiges erzählen. Und so denke ich, werde ich bei euch auch auf Verständnis für jene Wesenheiten treffen, die bisher so vielen Menschen Angst machen konnten.

Ich sehe die Liebe und Freude in euch, die ich durch meine Schilderungen zuvor wieder aktiviert habe. Um Angst auszuschließen, zumindest größtenteils und bei möglichst vielen Menschen, kann nur die Liebe, verbunden mit der tiefen Freude, und das Bewusstsein darüber, dass jeder von euch ein göttliches Kind ist, helfen. Das ist der Grund dafür, dass ich so viele Worte darüber mache.

Ihr seid jetzt vielleicht ein wenig erstaunt, doch ihr werdet gleich verstehen, warum meine Vorgehensweise diesmal ein wenig anders ist, als ihr es von mir „gewohnt" seid, und warum das gerade jetzt so wichtig ist. Ihr werdet das Buch dadurch mit großer Wahrscheinlichkeit unter völlig anderen Voraussetzungen lesen, als ihr es üblicherweise tut, was ich mit meinem jetzigen Vorgehen auch beabsichtige. Und auch meine diesbezüglich tiefere Absicht wird euch beim Lesen des Buches mit großer Wahrscheinlichkeit immer klarer werden, was uns dann schließlich immer mehr zusammenschweißen könnte. Doch sollte einigen von euch, nachdem sie mein Buch gelesen haben, doch noch einiges unklar sein, so nehme ich am Ende des Buches auch dazu Stellung.

Seid noch einmal herzlich von mir umarmt und erlaubt mir doch bitte, beim Lesen des weiteren Vorwortes noch näher mit euch in Kontakt zu treten. Doch bevor ich mich unserer innigeren

Begrüßung widme und mich unserer intensiveren Verbindung zuwende, lasst mich euch zunächst die angekündigten Erklärungen abgeben.

Ich halte dies für notwendig, weil sich kosmische Ereignisse zu verselbständigen drohen, die unseren gemeinsamen Plan für 2012 und die erste Zeit danach so beeinflussen *könnten*, dass wir sein Gelingen verschieben müssten. So würden wir alle viel Energie zusätzlich aufbringen müssen, um neuerliche kosmische Gegebenheiten zu schaffen, die in etwa ebenso günstig für den Zeitenwechsel wären, wie sie es mit der momentanen ganzheitlichen Konstellation und Vernetzung sind.

Wir alle haben zwar unendliche Energieströme zur Verfügung, doch halte ich es für wichtig, diese möglichst ohne „Verschwendung" zu nutzen und einzusetzen. Die aktuellen globalen und intergalaktischen Entwicklungen mit all ihren Konsequenzen sollten euch aus verschiedenen Gründen bekanntgegeben werden.

Einer der Gründe ist der, dass es an der Zeit ist, dass ihr auch erkennt, welche Störfaktoren der Mensch durch seine Gedanken und daraus resultierende Gefühle aussendet, die bei kriegerischen Auseinandersetzungen in eurer Galaxie immer wieder unterstützend wirken. Und was in einer Galaxie wirkt, breitet sich auch in anderen aus. Denn jeder Gedanke, jede Handlung eines Lebewesens wirkt ganzheitlich. Dieses theoretische Wissen haben sich die meisten von euch seit langem angeeignet. Doch immer wieder verdrängt ihr es in einen verschleierten Bereich eures Bewusstseins, den ihr nur ab und zu aufsucht, um das dort abgelegte Wissen wieder einmal anzusehen und meist wieder dort abzulegen.

Doch bei allem theoretischen Wissen ist euch dennoch verborgen geblieben, dass in der Schwingungsebene, in der ihr euch aufhaltet, sich nur sehr wenige Menschen darüber bewusst sind, was das in der Konsequenz überhaupt bedeutet.

Vielleicht habt ihr euch zu wenig Gedanken darüber gemacht, dass eure Gedanken und Verhaltensweisen auch starke Auswirkungen auf die Geschehnisse im All haben.

Solltet ihr jetzt ein wenig erschreckt sein, so beruhigt euch bitte schnell wieder. Denn wir alle haben es in der Hand, dies abzustellen und auch eine Verzögerung und die erwähnten Störfaktoren für den Frieden zu verhindern.

Auch darum habe ich zum *jetzigen* Zeitpunkt dieses Buch geschrieben. Darum haltet ihr es auch *jetzt* in euren Händen. *Rechtzeitig*, damit wir alle gemeinsam unser Ziel verwirklichen können und 2012 und die vorhergesagte Entwicklung danach – zum Paradies – auch in den irdischen Ebenen Realität wird und ihre Auswirkungen ebenfalls im All zu spüren sind und sich dort ausbreiten. Hierzu werdet ihr auch noch einiges erfahren.

Viele Lichtwesen stehen an eurer Seite, um euch dabei zu helfen und zuzüglich mehr Klarheit in eure Vorstellungen für das zu bringen, was ab 2012 global, jedoch auch gerade für jeden Menschen persönlich beginnen soll. Und ich bin ebenfalls immer bei euch, um meinerseits Unterstützung zu gewähren, solltet ihr ihrer bedürfen und sie auch annehmen wollen.

Da sehr viele von euch bereits so weit erwacht sind, um sich ausmalen zu können, was eine Verzögerung für uns alle bedeuten würde, so überlasse ich einem jeden, auch diesbezüglich seiner Fantasie einmal freien Lauf zu lassen. Und jeder kann sich nun ebenso für sich selbst ausmalen, was dies für ihn persönlich bedeuten würde.

Weil zur Veränderung der Menschheit und der Erde für 2012 und danach auch jeder seine eigenen Vorstellungen hat, sehe ich es als unbedingt notwendig an, dass jeder sich zu diesem Thema mit sich selbst auseinandersetzt. Trotzdem stehen euer Wille und eure Entscheidung über meinen „Vorstellungen".

Und entscheidet ihr euch gegen eine Auseinandersetzung mit diesem Thema, so ist das selbstverständlich auch in Ordnung, denn ihr habt ja den freien Willen und somit die freie Wahl.

Wollt ihr euch jedoch mit dem Thema, wie es euch betrifft, befassen, so überdenkt dazu vielleicht einmal, was ihr erwartet und was ihr selbst dazu und zur Veränderung allgemein beitragen wollt. Im Laufe der verschiedenen Kapitel im Buch werdet ihr auch erkennen, wie sehr euch noch immer Klarheit zu diesem Thema, selbstverständlich auch auf euch selbst bezogen, gefehlt hat.

Mit dem Wissen um die kosmischen Geschehnisse bezüglich der Veränderungsabsichten, die auf der Erde dabei sind, Fuß zu fassen, erhaltet ihr wieder mehr Bewusstheit über die ganzheitlichen Konstellationen. Dadurch seid ihr in der Lage zu handeln. Durch wirkliches Verstehen weiß man plötzlich immer, wie zu handeln ist. Und das ist es, was wichtig für uns alle ist: dass jeder so handelt, wie er es als notwendig erkennt, und seine Fähigkeiten dazu angstfrei einsetzt.

Das Buch wird unter anderem ein Leitfaden dazu sein, euch alle Hintergründe zu erklären, und ihr werdet die Hilfe aller Wesenheiten bekommen, die für den ganzheitlichen Frieden aktiv sind. Und das sind sehr, sehr viele.

Euch wurde bisher immer wieder mitgeteilt, dass 2012 endlich eure Träume von Frieden und liebevoller Gemeinschaft in Erfüllung gehen würden und noch vieles mehr. Immer mehr Bücher finden den Weg zu euch, in denen ihr Anleitungen zur Aktivierung eurer Lichtkörper findet, und viele andere Bücher, mit spirituellem Wissen angehäuft. Ebenso helfen euch Vorträge, Seminare und Schulungen in alternativen Heil- und Entwicklungsmöglichkeiten dabei, euer Bewusstsein mehr und mehr zu erweitern. Soweit könnte man meinen, dass doch alles gut so ist.

Doch im Moment gibt es einen kleinen Wermutstropfen, der beginnt, sich in der Euphorie der menschlichen Lichtarbeitercrew wie ein unerkannter Virus niederzulassen und auszubreiten und der unser gemeinsames Ziel für 2012 und danach, entgegen unseren Vorstellungen, beeinflussen könnte.

Denn seht, die Veränderung der Erde mitsamt ihren Lebewesen stößt auch auf massive Widerstände durch anders denkende Wesenheiten in eurem Sonnensystem und erst recht in einigen anderen kosmischen Bereichen, über die euch bisher nur sehr wenig berichtet wurde.

Doch ich sagte vorher ja: „Es *könnte* so sein!" Denn dadurch, dass wir geistigen Lichtwesen euch rechtzeitig auf die Ereignisse aufmerksam machen, haben wir alle es in der Hand, ihr und wir gemeinsam, diese Ereignisse zu stoppen. Und dadurch haben wir alle es auch in der Hand, die Wesenheiten, die andere Absichten auf der Erde ausleben möchten, sollten sie sich, wie von ihnen angedroht, wieder inkarnieren oder verstärkt im menschlichen Bewusstsein auftreten, ihrer Kraft im irdischen Bereich für alle Zeiten zu berauben!

Dies klingt zu schön, um wahr zu sein? Doch, liebe Freunde, es ist so, wie ich es sage. Ihr werdet es auch selbst erkennen, wenn ihr das Buch gelesen habt.

Welch harte Worte habe ich im letzten Abschnitt gewählt. Dies sei ja ganz und gar gegen meine Prinzipien, denkt ihr jetzt vielleicht. Die Menschen, die glauben, mich schon einschätzen zu können, kennen mich eben so, dass ich auf äußerst diplomatische und liebevolle Weise arbeite und immer wieder bestrebt bin, jegliche Härte aus den Situationen herauszunehmen. Doch hin und wieder ist es einfach wichtig, Grenzen zu setzen, sollte sich eine Absicht zeigen, die dem göttlichen Plan vollends entgegenwirken möchte, und damit dem Wohle des Ganzen. Und jetzt haben wir einen solchen Fall!

Und so kennen mich zumindest die dunklen Mächte auch als unbeugsamen Botschafter und Aktivator, der manchmal auch mit Härte und stets mit Konsequenz zum Wohle für alle handelt, selbstverständlich immer so, wie es nach den göttlichen Gesetzen erlaubt ist. Trotzdem ist mein Verständnis immer da, und manches Mal auch mein Mitgefühl, wenn ich sehe, dass die andere Seite sich zu sehr in ihre Pläne verrannt hat.

Dabei ist mir schon sehr deutlich bewusst, dass sie auf ihre Weise auch Grenzen austesten wollen. Dies ist ja auch erlaubt. Doch es ist ebenso wichtig, sind die Grenzen einmal von ihnen erkannt, sie auch zu akzeptieren.

Um euch auch die konsequente Seite von mir zu zeigen, und weil die Situation ein wenig Härte in meiner Strategie erfordert, gehört dazu meiner Meinung nach auch, dass dies in meiner Wortwahl zum Ausdruck kommt. Denn ich bin ja auch daran interessiert, mich euch bekannter zu machen. Doch trotz der Härte, die ich mit „durchsetzen" gleichsetze, vermeide ich es tunlichst, Wesenheiten zu „töten" – weder mit Handlungen noch mit Worten. Töten bedeutet in unseren Ebenen „Umwandlung".

Für viele Menschen haben kürzlich katastrophale Ereignisse auf der Erde stattgefunden. Und es wird noch so weitergehen, bis sich die Erde wieder beruhigen kann. Die Erde und die leidtragenden irdischen Lebewesen haben mein tiefstes Mitgefühl. Und bitte, liebe Freunde, nehmt euch jetzt einen Moment Zeit, um mit mir gemeinsam diese Ereignisse und die Lebewesen, die durch sie zu Schaden gekommen sind, zu segnen.

Ich danke allen Menschen, die helfen, die Schäden der Katastrophen so weit wie möglich zu beheben und den Zurückgebliebenen einen Neuanfang zu ermöglichen. Dies sind bereits sehr wertvolle Beiträge zu dem, was euch in Zukunft erwartet. Denn es sind die gelebten Vorläufer der Qualität des Mitgefühls, der Verantwortung und der Hilfe, die zum Wohle aller Betroffenen aufgebracht werden. Solche Menschen gab es zu allen Zeiten, doch es sind immer mehr geworden. Auch hieran kann man erkennen, wie sich die liebende, Mitgefühl verbreitende Herzensqualität von immer mehr Menschen ausbreitet.

Es ist so wunderschön für uns Lichtwesen, dies sehen zu dürfen, dass auch wir gerne in diesem „Film" bleiben würden. Doch wie sagt ihr so schön: „The show must go on!" Die Entwicklung geht weiter, so wirkt das Gesetz der Evolution nun einmal. Wollen wir uns alle mit großer Freude daran beteiligen?

Es finden sich unter euch diese liebevollen Menschen, doch auch jene, die als aufmerksame Beobachter versuchen, den katastrophalen Geschehnissen eine ganzheitliche Bedeutung abzugewinnen, was sie ja letztendlich auch haben. Doch bei allem Beobachten, welches sich bisher mehr auf die menschlichen Verursacher der Katastrophen und die daraus hervorgehenden Opfer bezog, ist diesen Menschen entgangen, dass genau diese Ereignisse von Fremdwesen, die zu den dunklen Mächten gehören, genutzt werden sollen, um die Erde zunächst in dem altbekannten Schema der Polarität und ebenso in den niedrigeren Schwingungsebenen weiter festzuhalten, die garantieren, dass sie auch weiterhin ihr nun unerwünschtes Unwesen dort treiben können. Doch ihre Pläne für die Erde beinhalten auch, dass sie das Licht gänzlich von dort verdrängen möchten. Dies wäre ein solch gigantischer Eingriff, dass sowohl die Erde wie auch ihre Lichtbewohner dermaßen tief verletzt würden und die Lichtseite eine Zurückweisung erfahren würde, deren Ausmaß alles zusammenbrechen lassen würde. Und, liebe Freunde, wie ist es um euch und euer Gedankengut bestellt? Glaubt ihr, dass die dunkle Seite mehr Kraft hat als die Lichtseite? Bedenkt, alles, was ihr glaubt, seht ihr auch in eurem Umfeld.

Vielleicht hilft es euch jetzt, euren Glauben an das Licht und seine Kraft zu stärken, wenn ihr euch wieder daran erinnert, dass schon ein kleines Kerzenlicht in der Lage ist, einen dunklen Raum zu erhellen.

Die Menschen wurden bisher immer wieder durch die Katastrophen abgelenkt, was bisher auch durchaus in Ordnung war. Doch jetzt und in Zukunft ist dies anders. Dadurch, dass der Zeitenwandel auf der Erde bereits begonnen hat und zeitlich feste Voraussagen für die endgültige Veränderung des menschlichen Bewusstseins gemacht wurden, hat die Ablenkung dazu geführt, der Erde auch weiterhin unerwünschte Besucher schicken zu können. Sie blieben ja zunächst auch noch unerkannt. Würde dieser Zustand jedoch anhalten, würde dies letztendlich bedeuten, dass erst einmal alles beim Alten bliebe und eine Veränderung der Schwingungsfrequenzen in höhere Dimensionen, wie bisher, nur schleppend vonstattengehen würde.

Doch die Erde und ihr Umfeld, das in die tieferen Bereiche eures Kosmos hineinreicht, stehen mittlerweile unter dem besonderen Schutz vieler geistiger Lichtwesenheiten und werden auch von ihnen sehr genau beobachtet. Bisher waren die kosmischen Gesetze so anzuwenden, dass jeder, der sich der Erde nähern wollte, dies auch durfte.

Da die Erde selbst jedoch an dem ursprünglichen Plan für 2012 festgehalten hat und dies auch weiterhin zu tun gedenkt, hierbei unterstützt von Sanat Kumara, dem Logos eures Planeten*, würde in dem Fall, dass sich der Erde unerwünschte Besucher nähern wollten, das Gesetz des freien Willens der Erde verletzt werden.

Die unerwünschten Besucher, um die es hier geht, haben seit langem wenig Achtung vor der Ganzheit gelebt, was für ihre Existenz zeitweilig durchaus in Ordnung war. Und nun haben sie durch die für sie drohenden Ereignisse des Dimensionswechsels der Erde, und vor allen Dingen ihrer Bewohner, ihr ihre Aufmerksamkeit erneut zugewandt und sie sogar verstärkt.

Sie wollen ihre Kräfte auf der Erde dahingehend wirken lassen, sich noch mehr und intensiver zu manifestieren, als es bisher geschehen ist, mit dem von mir bereits erwähnten Ziel. Sie wollen dies, weil sie sehen, dass die Lichtwesen ihrerseits genau dies tun, und erkennen natürlich ebenso, dass dadurch ihre Existenz auf der Erde und damit ihre eigenen Pläne für diesen Planeten gefährdet sind.

Auch die dunklen Mächte beobachten jede Veränderung. Sie haben bisher geglaubt, die meisten Menschen würden sich der vorhergesagten Entwicklung widersetzen. Denn zur Veränderung hin zur Bewusstheit der meisten Menschen gehört viel Arbeit eines jeden Einzelnen. Und im Verhältnis zur Masse der Menschen sind es ja nur Wenige, die bereits eine spirituelle Bewusstheit mit auf die Erde gebracht haben. Doch die Wenigen haben anscheinend genügt, eine so massive Bewegung ins Leben zu rufen, dass sie den „Ungläubigen" und „Skeptikern" damit doch

---

* Janet McClure und Vywamus: *Die Erde ist in meiner Obhut,* Ch. Falk-Verlag, Seeon, ISBN 978-3-924161-50-7
Petronella Tiller/Vywamus und Engel Dhorhian: *Fenster in die Zukunft,* Ch. Falk-Verlag, Seeon, ISBN 978-3-89568-192-9

eigentlich „beweisen" könnten, dass die Kraft des Lichtes letztendlich stärker ist.

Viele Menschen sind durch die Sorgen und Nöte um ihre eigene Existenz oft viel zu müde, um noch an ihrer geistigen Entwicklung arbeiten zu mögen. Sie haben sich lieber noch weiteren Ablenkungen hingegeben, die ihren „Schlaf" gewährleisten konnten. Irrtümlich glaubten die Betreffenden, dass Berieselung ihrer Sinne, oft auch noch durch Drogenkonsum, Entspannung für ihren physischen Körper sei. Auch wenn dies meist unbewusst geschah, ist so eine viel größere Verkrampfung der Chakren entstanden, was wiederum zur Folge hat, dass die feinstofflichen Körper daran gehindert werden, sich auszudehnen und die Bewusstwerdung weiter zu unterstützen.

Das ist das, was die Weisen der dunklen Mächte von den Menschen erfahren haben, und es war bisher ihre Einschätzung, dass es bei der Masse der Menschen so weitergehen würde. Denn es hat ja auch bisher scheinbar genauso funktioniert, trotz all der Erinnerungen, die den Menschen von den Lichtwesen wiedergegeben wurden.

Und da sehr viele Menschen hoffnungslos geworden sind und ihr Vertrauen in die Macht der göttlichen Lichtseite verloren haben, glauben die dunklen Mächte immer noch, dass sie ihre Kraft stärker wirken lassen können, als es die Lichtwesen können. Doch da dies nun anders zu sein scheint, haben sie beschlossen, aktiver zu werden.

Es sieht so aus, als ob sie den steten Tropfen, der bekanntlich den Stein höhlt, unterschätzt haben.

Ich spreche euch, meine lieben Freunde, jetzt direkt an, damit auch ihr eure Kraft den Lichtwesen zur Verfügung stellen mögt. Wie genau dies zu tun ist, werden wir, die sich hier zu Wort melden, sehr klar machen. Ich freue mich auf euer Erkennen der göttlichen Macht, die in euch beheimatet ist und die jetzt durch euch befreit werden wird.

Die Menschen, die in sich die Kraft der dunklen Mächte tragen und *diese* zu leben haben, indem sie sie durch ihr Tun ausdrücken, haben immer wieder inkarniert, ebenso wie die Menschen, welche die Qualität der Lichtwesen durch *ihr* Tun auszudrücken hatten. Beide Seiten waren für eine lange Zeit in ziemlich ausgewogener Weise auf dem Planeten Erde anwesend. Zumindest insoweit, dass die Hilfe der geistigen Lichtwesen zur Stabilität der Polarisierung nur in kleineren Beiträgen eingesetzt werden musste. Dies hat sich jedoch verändert, seit sich die Menschen, die den dunklen Mächten gedient haben, so tief in ihr Rollenverhalten verrannt haben, dass sie sich selbst kaum noch aus diesem befreien können. So hatten die dunklen Mächte mehr Raum, um wirken zu können. Was wiederum zur Folge hatte, dass die geistigen Lichtwesen immer mehr Hilfen geben mussten, um eine einigermaßen ausgewogene Situation auf der Erde herstellen zu helfen. Ich werde auch hierzu in anderen Kapiteln noch weitere Stellung nehmen.

Die dunklen Mächte, denen Menschen gedient haben, wurden für eine genau vorgeschriebene Zeit auf der Erde platziert, um die Polarität zu gewährleisten. Und diese Zeit läuft 2012 ab. Doch sie weigern sich, dies zu akzeptieren. Würden sie es schaffen, ihren Plan bis 2012 umzusetzen, müsste der Plan der Lichtwesen verschoben werden. Gelingt der Plan der Lichtwesen jedoch, wovon ich ausgehe, würde die Anwesenheit der dunklen Mächte nach 2012, sollten sie sich den Gesetzen widersetzen, auf der Erde ohne Resonanz sein. Sie würden ohne Kraft sein, da die Lichtgestalten eine zu hohe Schwingung der Liebe verbreiten und die meisten Menschen so weit entwickelt sind, den dunklen Wesenheiten ohne Angst begegnen zu können. Dadurch hat dann das Licht in diesen Menschen mehr Raum eingenommen. Und wie ihr wisst, ist Licht in der Lage, jede Dunkelheit zu erhellen.

Doch sind wir alle auch auf die Hilfe der irdischen Lichtwesen angewiesen. Denn wir bedürfen noch immer der Erlaubnis der Menschen, um handeln zu können. Und um wirklich eine Handlung, die für euch sichtbar ist, zu vollbringen, bedürfen wir der menschlichen physischen Tatkraft. Doch auch die mentale Kraft der Menschen ist eine Tatkraft, die jetzt ganz besonders gefragt ist.

Viele von euch wissen bereits, dass sie ihre Welt mit der Kraft der Gedanken gestalten, und einige können dies klar erkennen, während andere noch fleißig üben dürfen und wieder andere noch immer im Vergessen gefangen sind. Doch auch sie werden die Erkenntnis schon bald gewinnen. Denn die Erkenntnis hängt mit der schrittweisen Übernahme der Verantwortung zusammen, die nach und nach jeder Mensch wieder annehmen wird; nämlich die Verantwortung für alle seine Taten.

Wie immer, wenn etwas getan wird, kommen Steine ins Rollen. Auf der Erde sind es momentan Steine, die in erster Linie das Licht in seiner Kraft verstärken. Die Lichtstrukturen auf der Erde werden stark gefestigt und helfen dabei, die Lichtwesen bei ihrer Aufgabe zu unterstützen.
Doch es könnten Hindernisse in den Weg gelegt werden, und wir alle, die der Lichtwelt dienen, sind dazu aufgerufen, diese immer wieder zu beseitigen. Doch ohne das menschliche Wissen darum, weshalb sie immer wieder auftauchen, bliebe dies wohl ein schier unlösbares Unterfangen.

Der scheinbar ewig währende Krieg zwischen „Gut und Böse", der ja auch in jedem einzelnen Menschen stattfindet, wird in einem späteren Kapitel noch genauer beschrieben und so zur Auflösung in den Menschen gebracht, für die es an der Zeit ist, hiermit zu einem Abschluss zu kommen. So werdet ihr alle darauf vorbereitet, das Licht auf der irdischen Ebene dauerhaft zu verankern, indem ihr es sich in euch vollkommen ausbreiten lasst.
Für uns geistige Lichtwesen ist es darum an der Zeit, die Verbindung mit euch Menschen so zu festigen, dass dies geschehen kann und dass eine neuerliche Invasion der dunklen Mächte ausgeschlossen und die Erde tatsächlich der von ihr so sehr ersehnte neue Stern wird.
Um das zu ermöglichen und um zu verhindern, dass eine Verzögerung eintritt, wurde von den Mitgliedern der Friedensmission beschlossen, dass das Buch jetzt geschrieben wird und die Botschaft möglichst viele von euch noch in diesem Jahr 2010,

doch auch in 2011 erreicht. Somit können wir alle beginnen, unsere Liebesschwingungen auf der Erde sehr intensiv miteinander zu verbinden und alle, die bereit dazu sind, dadurch problemlos in die vorgesehene Dimension anzuheben. Damit hätten wir dann unserem Plan zur Verwirklichung verholfen.

Ich danke Christa Falk und Petronella von ganzem Herzen dafür, dass sie das Buch möglich machen. Aufgrund der Dringlichkeit hat Christa Falk ihre Planungen für den Herbst sehr verändern müssen, und allein das ist ein Grund, ihr dafür besondere Achtung und ganz besonderen Dank entgegenzubringen. „Liebe Christa, ich bin überglücklich über deine Entscheidung."

Da ich die Jahre 2010 und 2011 besonders hervorgehoben habe, so weise ich darauf hin, dass, sollten einige von euch das Buch erst in den späteren, kommenden Jahren in die Hände bekommen, der Zeitpunkt für sie dann ebenso richtig ist. Denn in den folgenden Jahren wird es auch wichtig sein, auf das Wissen in diesem Buch zurückgreifen zu können, schon allein um die Verbindung mit den hohen Dimensionen weiter zu halten und noch weiter auszubauen. Ich werde euch in den nächsten Kapiteln auch hierzu noch Näheres mitteilen.

Sollten jetzt doch noch Ängste in euch hochgekommen sein, so bitte ich euch, trotzdem sorgenfrei in die Zukunft zu blicken und weiterhin an dem Bild des Gelingens zum vorgegebenen Termin festzuhalten, jedenfalls so wie es euch möglich ist. Das ist eine sehr wirkungsvolle Methode, unseren Plan für 2012 bei der Verwirklichung zu unterstützen. Und wir geistigen Lichtwesen arbeiten, während ihr das Buch lest, daran, dass ihr eure noch vorhandenen Ängste vor der Zukunft und ganz besonders die vor den dunklen Mächten auflöst.

Ich hätte die drohenden Ereignisse und Machenschaften auch über Internetforen bekanntgeben können, doch hier tummeln sich so viele Mächte, die Botschaften nach ihrem Gutdünken verändern, dass mit Sicherheit weitere Verunsicherungen vieler Menschen die Folge wären, die den dunklen Mächten gelegen kämen. Und hört ihr euch einmal um, wie die esoterische Szene in der jetzigen Zeit „bewertet" wird, so findet ihr sicherlich eine Bestätigung meiner Sicht. Der Text im Buch ist jedoch frei von diesen Mächten mit ihren Einflussmöglichkeiten. Und es ergibt sich so, dass ich euch gleichzeitig viel mehr erzählen kann, was euch gerade jetzt zu noch mehr Verständnis der Ganzheit führen wird und somit zur weiteren Befreiung der Erde beiträgt.

Die wohltuende Nebenwirkung ist die, dass der Bewusstwerdungsprozess der Menschen auf diese Weise noch schneller voranschreitet, denn außer den Lesern meines Buches werden auch andere Menschen vom Buch und dessen Inhalt erfahren. Und jede Botschaft macht wacher.

Die spirituelle menschliche Entwicklung, die der Erde und die „politische" in den galaktischen Ebenen, die zu eurem Sonnensystem gehören, doch auch die politische und wirtschaftliche Entwicklung auf der Erde hat seit der Herausgabe meines letzten Buches: *Die Göttliche Seele* im Ch. Falk-Verlag, (ISBN 978-3-89568-206-3) gravierende Veränderungen erfahren. Und das ist gerade mal ein Jahr her. Betrachtet rückwirkend hierzu doch vielleicht einmal die Schnelligkeit der Entwicklung des gesamten Lebens auf der Erde in den letzten Jahren.

Ganz abgesehen davon, dass eure Bewusstseinsentwicklung immer schneller vorangeschritten ist und es immer mehr Menschen gibt, die sich wieder der geistigen Lichtwelt öffnen und weitere Informationen haben möchten, sind gerade in den letzten Monaten, nach irdischer Zeitrechnung, „politische" galaktische Situationen entstanden, die sich zwar als wahrscheinliche Möglichkeiten abgezeichnet hatten, nun jedoch drohen, in eurer Realität Raum einzunehmen und Auswirkungen zu zeigen. Ich habe dies bereits erwähnt und mache jetzt noch einmal darauf aufmerksam, weil ich auch erwähnen möchte, dass Erzengel Michael und Serapis Bey in ihren Kapiteln dazu ebenfalls Stellung nehmen werden.

Da diese Situationen für die Entwicklung der Erde mit all ihren Bewohnern, wie bereits gesagt, eine Verzögerung der Pläne unserer Lichtarbeitercrew bedeuten würden, haben sich viele Mitglieder der Friedensmission zusammengetan und nach Möglichkeiten gesucht, um die vorgegebene Zeit 2012 für die Zeitenwende doch noch durchsetzen zu können.

Und eine dieser Möglichkeiten ist die, euch über die angesprochenen Situationen und über bestimmte, dem Zeitenwandel zuwiderhandelnde Verhaltensmuster einiger Menschen zu informieren. Durch ein Erkennen dieser Muster im *eigenen* Verhalten (denn wer ist frei von seiner Schattenwelt?) können diese verändert werden, und daraus ergibt sich, dass auch von euch noch mehr wertvolle Hilfe erbracht werden kann.

Jede Tat hat Auswirkungen auf alles, was ist. Doch auch wenn ihr an euren Mustern festhalten möchtet, zeichnet sich ab, dass eure Bewusstheit über die Situationen und eure Wünsche zur Realisierung der vorhergesagten Realitätsmöglichkeit zum Gelingen beiträgt. Ihr werdet auch hierzu noch Näheres im Buch erfahren.

Ihr menschlichen Lichtwesen seid machtvolle Schlüssel zur Erfüllung des Planes auf der Erde. Das bedeutet: Wer auch nur einen einzigen Schlüssel besitzt, hat bereits die Macht, ihn auch einzusetzen. Wie ist es erst um diese Macht bestellt, wenn man selbst ein Teil des Schlüssels *ist*? Und diese Macht auch noch in der Weise anzuwenden, dass sie in Liebe *zum Wohle* der Ganzheit wirkt, ist ein weiterer Schlüssel. Und bedenkt ihr einmal, dass sich die Macht eurer Liebe mit der Macht der beiden Schlüssel verbinden kann, und stellt ihr die Verbindung durch eure Liebe zur Ganzheit auch her, so habt ihr noch einen Schlüssel in den geistigen Händen. Und somit ist die magische Zahl drei erreicht. Jeder Mensch, der zur Lichtarbeitercrew gehört, besitzt diese drei Schlüssel, die unlösbar miteinander verbunden sind. Könnt ihr euch die Kraft dieser Schlüssel auch nur annähernd vorstellen, wenn sie von sehr vielen Menschen genutzt werden?

Stellt euch doch einmal vor, wie dieser magische Schlüssel, so sehr miteinander verbunden und ineinander verschlungen, aussehen könnte! Vielleicht hat der eine oder andere von euch Freude daran und ist in der Lage, ein passendes Symbol herzustellen. Symbole haben viel Kraft! Sie könnten zusätzlich zu den erwähnten Schlüsseln eingesetzt werden und so noch weit mehr liebevolle Kraft wirken lassen. Ich möchte euch ermutigen, eure eigene Fantasie zu nutzen, um weitere Symbole des Friedens und der Liebe herzustellen.

Ihr alle seid zum jetzigen Zeitpunkt auch auf der Erde, um diese Schlüssel anzuwenden, also euch selbst einzubringen. Trotz all der Hilfen, die ihr aus dem Universum bekommen dürft und ja auch bekommt, funktioniert unser aller Plan nur mit den Schlüsseln, die die menschliche Lichtarbeitercrew symbolisch darstellt. Und nur wir alle gemeinsam sind stark!

Erkennt bitte auch jedes menschliche Rädchen in der großen Maschinerie der göttlichen Kraft! Die Rädchen, die geistige Lichtwesen darstellen, könnt ihr viel leichter erkennen, als euch selbst als Rädchen zu akzeptieren und so auch eure Bedeutung anzuerkennen. Bitte, versucht es trotzdem einmal! Vergesst bitte die Angst, die sich in euch durch euren eigenen Machtmissbrauch, den ihr in diversen Leben ausgeübt habt, manifestiert hat. Ihr bekommt sofort Hilfe dazu, solltet ihr euch bereit erklären, diese Angst auflösen zu wollen.

Die genaue Anwendung der Schlüssel wird euch in den nächsten Kapiteln wieder bewusst werden. So bin ich wirklich sehr zuversichtlich, dass wir alle gemeinsam die erneut aufgetauchten Hindernisse bewältigen werden.

Sowohl die erwähnten galaktischen Situationen wie auch der innere Drang der Menschen, die mehr Informationen haben möchten, auch weil sie sich immer mündiger fühlen und immer mehr Verantwortung übernehmen wollen, haben mich dazu gebracht, dass ich wieder ein Buch schreibe! Welch eine Freude ist dies für mich!

Doch ein weiterer Grund für das Buch ist darin zu sehen, dass sich einige von der Lichtarbeitercrew bisher in Sicherheit wiegten, denn sie haben mit großer Selbstverständlichkeit die globale Veränderung im Jahr 2012 erwartet, und durch das Gefühl der Sicherheit, in dem sie sich wiegten, sind sie ein wenig eingeschlafen. Auch hierzu werde ich an anderer Stelle noch einiges sagen.

Die Themen, die im Buch besprochen werden, zählen zu meinem Aufgabenbereich. Und so kann ich nun sagen: Es ist wieder soweit, meine lieben, verehrten Freunde; ein neues Buch unter meiner Regie ist dabei zu entstehen! Ich bin darüber voller vibrierender und aktivierender Freude! Für mich ist es immer wieder so schön, euch nahe sein zu dürfen, dass ich am liebsten Tränen der Freude vergießen würde. Danke, dass es euch so wundervolle und mutige Menschen gibt!

In tiefem Frieden und Vertrauen in unser aller Führung bin ich euer Freund, Lehrer, intergalaktischer Ratgeber und Helfer.

In Liebe

Vywamus

❋ ❋ ❋ ❋ ❋

Begrüßung durch Vywamus

Jetzt ist es an der Zeit, mich näher mit euch zu verbinden und unsere gemeinsame Aufmerksamkeit dieser Verbindung zuzuwenden. Ich heiße euch herzlich willkommen, ihr lieben göttlichen Wesen des Lichtes.

Meine lieben, treuen Freunde und ihr lieben Leser und Leserinnen, die zum ersten Mal in ein von mir durchgegebenes Buch hineinschauen und es lesen werden, ich begrüße euch alle mit meiner tiefen Liebe zu euch. Ich danke euch dafür, dass ihr mir überhaupt die Möglichkeit gebt, die für mich so wundervolle Aufgabe des Bücherschreibens ausführen zu können. Ja, die Möglichkeit habt *ihr* mir geschaffen; alle die lieben Menschen, die bei der Gestaltung meiner Bücher helfen, vom Manuskript angefangen bis zum fertigen Buch, das ihr, liebe Leser und Leserinnen, dann schließlich in euren Händen halten könnt. Und ihr Lieben bekundet mir dadurch, dass ihr es dann schließlich auch lest, dass meine Arbeit und die meiner irdischen wie auch meiner geistigen Helfer Früchte tragen werden. Ohne diese Früchte wäre unsere Arbeit sinnlos. Seht ihr, dass auch ihr lieben Leserinnen und Leser ebenso wichtig seid wie die Menschen und die geistigen Wesenheiten, die an der Entstehung der Bücher arbeiten?

Es ist schon ein längerer Weg zurückzulegen, um so ein Werk ins Leben zu rufen, und er ist mit viel Arbeit, doch auch mit viel Liebe und Freude verbunden. Und durch euer Annehmen der Bücher und all der Botschaften findet eine Belohnung der geistigen Autoren statt, die in ihrer Intensität kaum mit menschlichen Vorstellungen über Belohnung zu vergleichen ist.

Die Kommunikation zwischen Menschen und geistigen Wesenheiten funktioniert allein schon über das Bücherschreiben so wundervoll, dass abzusehen ist, wie Kommunikation, auch ohne schriftliche Übermittlungen, zwischen irdischen und kosmischen Wesenheiten in naher Zukunft stattfinden und ausbalanciert sein kann. Dies sind für uns alle Zukunftsaussichten, die sich in wundervoller Weise bereits jetzt sehr klar abzeichnen. Menschen, die bereits in dieser Weise mit uns Kontakt haben, wissen, wie es sich anfühlt, dieses kleine Etappenziel erreicht zu haben. Ihr findet Frieden in unserer Verbindung und LIEBE, viel LIEBE!

Lasst ihr den Gedanken der gemeinsamen geistigen und irdischen Kommunikation einmal zu und entwickelt in eurer Vorstellung Bilder, wie sie in einzelnen Schritten für euch aussehen würde, so könnt ihr euch vielleicht auch vorstellen, wohin das Ganze führen könnte. Jeder mag hier ruhig seine eigenen Vorstellungen einbringen, und jedem wird dafür aus der geistigen Welt unendlich gedankt.

Eure Vorstellungen sind uns heilig, und sie werden alle berücksichtigt. Und weil das so ist, dürft ihr auch daran erkennen, dass jeder Einzelne von euch uns gleich wichtig ist. Und mir ist es wichtig, dass ihr immer mehr erkennt, *wie* wichtig ihr seid, und auch darum haltet ihr nun wieder ein Buch von mir in euren Händen.

Ich danke allen, die mir auf diesem Weg, euch wieder erreichen zu können, geholfen haben, von ganzem Herzen. Es macht mir wirklich sehr viel Freude, mit Menschen zu arbeiten und zu schreiben, auch weil ich euch dadurch schließlich so nahe sein kann.

Und um euch noch näher sein zu können, bitte ich euch darum, mir nun zu gestatten, euch mit meiner mir eigenen Schwingung noch näherkommen zu dürfen, um einen Teil meiner Liebe zu euch auch fühlbar für euch zu machen. Es ist ohnehin nur ein kleiner Teil meiner Liebe, die ihr zu spüren vermögt, denn die Zeit, in der Menschen diese große Kraft wirklich aushalten können, wird erst noch kommen. Doch jede Liebesschwingung, die ihr von mir annehmt, macht mich unsagbar glücklich und dankbar. Bitte nehmt euch ein wenig Zeit für unsere Begegnung.

Ich danke euch.

✸ ✸ ✸ ✸ ✸

Unendliche Dankbarkeit, verbunden mit tiefer Liebe zu euch, ist in mir. Dieses Buch, das ich euch nun übermitteln darf, bringt euch einen weiteren Schritt dem Ziel näher, eure Eigenverantwortlichkeit in die Tat umzusetzen. Und da sich durch die Schwingungen der Neuen Zeit euer Schöpfungspotenzial vollkommen zu entfalten beginnt, kann ich nun meinen langgehegten Wunsch, euch auch in die Gestaltung der Pläne der intergalaktischen Friedensmission mit einzubeziehen, umsetzen.

Doch mein Wunsch ist auch in eurem Innersten vorhanden, den ihr bereits in früheren Inkarnationen geboren und in die jetzige mitgenommen habt, denn ansonsten wäre eine Umsetzung meines Wunsches ausgeschlossen.

Und beobachtet ihr jetzt einmal eure Reaktion darauf und lasst euch dabei ein wenig Zeit, so werdet ihr euren eigenen Wunsch hervorholen, und ein gemeinsames Arbeiten und Realisieren unserer diesbezüglichen gemeinsamen Wünsche wird beginnen. Und, liebe Freunde, das ist erst ein Anfang! Welch wundervolle Aussichten!

Als Botschafter der intergalaktischen Friedensmission bringe ich euch nun auch Grüße von euren kosmischen Familien und allen Lichtwesen, die euch bereits bekannt sind, doch auch von denen, die ihr in diesem Buch erst noch kennenlernen werdet, und von der ganzen Crew der Friedensmission, die, für die Menschen noch unerkannt, auch weiterhin im Verborgenen wirken, bis die Menschen bereit sind, sie alle kennenzulernen. Ihrer aller Liebe zu euch und ihre Dankbarkeit euch allen gegenüber ist unermesslich groß, und sie alle bitten euch, ihre Liebe anzunehmen und euch von ihnen allen unterstützt zu fühlen. Ihre Liebe zu euch und Lady Gaia, wie sich euer Planet nennt, ist ein Teil ihres Beitrags zur Realisierung der friedfertigen Welt ab 2012, den die Menschen gerne annehmen dürfen. Denn jede Liebesschwingungsverstärkung hilft.

Seid gesegnet und immerdar in die himmlische, göttliche Liebe eingebettet, die unser aller Zuhause ist.

Dies kann sich für euch spürbar realisieren, sobald ihr dem göttlichen Licht erlaubt, sich ganz und gar in eurem Herzen niederzulassen. Ein zustimmender Gedanke von euch genügt vollauf. Möchtet ihr diese Liebe jetzt gleich erfahren, so nehmt euch bitte auch jetzt gleich ein wenig Zeit für diese wundervolle Erfahrung.

Indem ihr eure Aufmerksamkeit auf dieses Erlebnis richtet, werdet ihr die Energie stärker und stärker spüren. Ihr könnt sie zusätzlich auch in vollen Zügen einatmen, denn sie ist überall um euch herum präsent und wartet nur darauf, bewusst von euch angenommen zu werden.

Und so ist es auch leichter für euch, sie ebenfalls sehr deutlich zu spüren, während ihr mein Buch weiterlest. Sie wird euch umhüllen und dadurch ein Gefühl des Geborgenseins in euch entstehen lassen. Es bedarf lediglich eures Bereitseins. Uns allen macht ihr damit ein großes Geschenk!

Seid gesegnet immerdar

Vywamus

❋ ❋ ❋ ❋ ❋

Privates über Vywamus von Vywamus

In diesem Kapitel nutze ich einmal die Möglichkeit, mich euch ein wenig *genauer* vorzustellen. Da ich seit geraumer Zeit in den irdischen Sphären wieder sehr präsent bin, denke ich, dass es einfach an der Zeit ist, dies zu tun. Und, wie ich sehe, sind es viele von euch, die sich darüber freuen, was natürlich meine Freude noch größer macht. Danke, ihr Lieben.

✳ ✳ ✳ ✳ ✳

Über mich gab es bisher nur sehr wenige Mitteilungen, die sich kaum auf das, was ich als Wesenheit darstelle oder gar bin, beziehen. Euch gegenüber wurde meine hohe Entwicklung erwähnt und dass ich nur wenige Erfahrungen in physischen Körpern gemacht habe und trotzdem sehr schnell aufgestiegen bin.

Die meisten Menschen haben eine große Scheu davor, geistige Wesenheiten nach persönlichen Erfahrungen zu befragen. Je höher die Wesenheiten entwickelt sind, umso größer wird die menschliche Scheu. Dadurch erfahrt ihr natürlich auch weniger über uns.

Fazit der weit verbreiteten menschlichen Vorstellung von mir: Ich bin ein außergewöhnliches Wesen, das euch allen wohl haushoch überlegen sein muss!

Mit jenen Mitteilungen wurden die Weichen gestellt, und ich blieb ein wenig nebulös in euren Vorstellungen zurück – anders als die meisten anderen Aufgestiegenen Meister, von denen ihr sogar Einiges über ihre menschlichen Erfahrungen wisst.

Und durch eine solche Darstellung, die nur wenige Tatsachen bekannt gegeben hat, kann ich bestens verstehen, dass ihr mich weit von euch entfernt seht und aufgrund eures mangelnden Selbstwertgefühls auch möchtet.

Da das Selbstwertgefühl der meisten Menschen in einer kränklichen Verfassung ist, seht ihr euch selbst in eurer geistigen Entwicklung so weit unter mir, dass ihr auch nur wenig mit mir anfangen könnt.

Immerhin tragen die meisten von euch, die mich „erfahren" haben, sei es über meine Bücher und die CD, die allesamt im Ch.Falk-Verlag erschienen sind (einzeln aufgeführt auf der letzten Seite des Buches), oder durch meine Durchgaben über Kanäle, eine unbewusste Sehnsucht nach der Ebene, in der ich zurzeit existiere, tief in sich. Sie sehnen sich nach den Wesenheiten dort und nach deren Liebe, die auch ich ihnen immer wieder sende, sobald sie an mich denken.

Da es inzwischen wieder etliche Menschen sind, die ähnliche Sehnsuchtsgefühle empfinden, hat sich eine sehr nette Gemeinschaft gebildet, über die sich die Menschen, welche zu ihr gehören, jedoch noch im Unklaren sind. Die Menschen aus dieser Gemeinschaft mögen mich sehr, teilweise lieben sie mich auch sogar sehr. Dafür bin ich unendlich dankbar. Und ich kann bereits jetzt erkennen, dass die Gemeinschaft stetig anwächst. Das ist doch wundervoll, oder?

Da ich immer wieder betone, dass ich euch so sehr liebe und dass ich voller Freude über den Kontakt zu euch bin und dass ich mich über eure Entwicklung sehr freue und immer wieder „nur" Freude und Liebe in unserer Verbindung sehe, glauben einige von euch, dass Vywamus, außer Freude und Liebe, wohl kaum andere Gefühle kennen wird. Zumindest sehe ich diese Gedanken bei einigen von euch in ihren reizenden Köpfen umherspuken.

Sie glauben, dass mein Verständnis und die Beurteilung der menschlichen Situationen kaum der Realität, in der ihr lebt, entsprechen können, da ich zu weit von euch entfernt existiere.

Liebe Freunde, welch eine verdrehte Vorstellung! Dies würde ja auch bedeuten, dass die göttliche Quelle zu weit weg sei und ihr dadurch das Verständnis für euch fehle. Und manche glauben dies auch! Sie fühlen sich verlassen und in schwierigen Situationen hilflos alleingelassen. *Und durch euren Glauben erfahrt ihr dann schließlich auch diese Gefühle,* meine lieben Freunde, die noch so denken!

Euer diesbezüglicher Glaube unterliegt der Raum-Vorstellung, also einer Illusion. Auf der Erde ist selten etwas so, wie es scheint, doch dieses „Scheinen" gehörte zu eurem Spiel.

Ich sagte: „gehörte", denn jetzt ist die Neue Zeit dermaßen aktiv, dass sich die Spielregeln verändern, weil ihr die alten Spielregeln immer besser versteht und durchschaut. Und was man verstanden hat, kann man irgendwann als erledigt betrachten, und im menschlichen Gehirn entsteht dann sehr schnell die Sucht, Weiteres kennenzulernen und zu erfahren.

Und in diesem speziellen Fall sind es eben neue Spielregeln. Das „Scheinen" wird nun mehr und mehr der Vergangenheit angehören. Die neuen Spielregeln warten nun darauf, dass ihr ihnen zur Verwirklichung verhelft, indem ihr sie anwendet. Ihr werdet sie selbst nach und nach erkennen. Dies war euer Wunsch. Denn ihr alle wollt ja alles selbst erkennen und erfahren.

Dass ihr durch das zuvor erwähnte Denken eine stärkere Trennung von mir gestaltet, ist euch wahrscheinlich noch unklar, und dass dies ausschließlich euer eigenes Bild unserer Verbindung ist, ebenso wenig. Und dass ihr euch bei dieser Vorstellung sehr einschränkt, ist den meisten von euch auch unbewusst.

Doch, meine Lieben, wenn ihr auch weiterhin so denken möchtet, so dürft ihr dies gerne tun. Wer bin ich, dass ich euch zu sagen hätte, was ihr zu denken habt?

Es gibt jedoch noch etwas, was ihr mit dieser Denkweise bei euch erreicht: Meine sanften und manches Mal auch sehr direkten Hinweise darauf, dass ihr selbst es seid, die der dunklen Kraft auf der Erde die Möglichkeit geben, sich auszuleben, und die Hinweise darauf, dies nun endlich zu beenden, bringen euch in eine Situation, in der ihr euch als hilflose Opfer seht und mir eben Unverständnis unterstellt.

So könnt ihr dann, da ihr ja für euch selbst eine Entschuldigung vorbringen könnt, bei eurem alten Verhalten bleiben. Selten fällt euch auf, dass diese Denkweise lediglich ein großes Hindernis bildet, um die Einheitserfahrung noch ein Weilchen hinauszuschieben. In diesem Falle diene ich euch dazu, Getrenntheit zu erfahren, was allerdings weniger mein Wunsch als der eure ist.

Noch einmal sei gesagt: Wer dies auch weiterhin wirklich leben möchte, dem sei dies auch erlaubt! Jedoch sollte er es sich nun auch eingestehen. Im Übrigen sind es in der Regel die „Inneren Kinder", die solch ein Verhalten an den Tag legen. Sie sind eben in vielen Fällen immer noch unerlöst.

Haben sie erst einmal die Beachtung gefunden, die ihnen ihrer Meinung nach auch zusteht, so passen sie sich ganz leicht anderen Vorstellungen an und helfen sogar dabei, die inneren Blockaden zu durchbrechen und schließlich sogar aufzulösen. Und werden sie gar von dem Erwachsenen, zu dem sie gehören, von jeglicher Schuld freigesprochen, so werden die Inneren Kinder, die ja letztendlich Wesensanteile in eurem Gesamtkörpersystem sind, zu großartigen Helfern in eurem täglichen Leben.

Man sollte die Kraft, mit der die Inneren Kinder zu Werke gehen können, immer mit in Betracht ziehen. Sie sind es, die gerne Opferrollen annehmen und so auch Opferhaltungen einnehmen. Sie glauben tief in ihrem Unterbewusstsein, unschuldig verurteilt zu sein, Schuld an vielen Dingen zu tragen. Und sie möchten doch so gerne „GUT" sein. Ist dies für euch verständlich?

Da ihr als Erwachsene dieses Bild der „Unschuldslämmer", als die ihr euch oft seht, weiter lebt, ohne eure Täterschaft zu sehen oder auch nur sehen zu wollen, wird der diesbezügliche Glaube eurer Inneren Kinder verstärkt. Und sie suchen nach Entschuldigungen, damit sie mit ihrer vermeintlichen Schuld ungestraft davonkommen. Sie versuchen mit ihrer ganzen Kraft, dem karmischen Gesetz zu entgehen. Aus der Sicht des Kindes, das ihr ja schließlich einmal wart, ist dies verständlich, meine ich. Doch hier entsteht ein Thema, das sich mit eurer Auffassung von Wahrheit befasst. Darüber möchte ich an anderer Stelle sprechen und erbitte auch jetzt wieder Geduld von euch.

Die Kraft der unerlösten Inneren Kinder, mit der sie im erwachsenen Menschen arbeiten, ist fast gleichbedeutend mit der

Kraft, die ihr in den Schattenbereich eures Unterbewusstseins verdrängt habt. Alles, was ihr verdrängt habt, wirkt dort. Und je mehr ihr sie verdrängt, die Kinder und die Schatten, umso mehr regieren sie euer Dasein. Also erkennt bitte auch in ihnen den göttlichen Kern.

Vielleicht erinnert ihr euch an die Aussage Jesu's, die in etwa lautete: „Werdet wieder wie die Kinder." Hier fehlt der Rest der Aussage, nämlich: „Und erlöst sie von der Schuld, an die sie auf sich selbst bezogen glauben. Vergebt euch selbst!"

In der religiösen Geschichte fand eine Kürzung des Ausspruches von Jesus statt, die gewissen religiösen Interessensgruppen dienen sollte. Denn vergeben kann doch nur die kirchliche Institution durch ihre Vertreter – und vor allen Dingen muss man als Mensch dafür bezahlen (Geld oder anderes); so lautet die Verbreitung ihrer Dogmen. In Wahrheit kann jeder Mensch sich selbst vergeben! Einfach, indem er sagt: „Ich vergebe mir!", und dies auch mit dem Herzen tut.

Damit ihr besser annehmen könnt, dass ich euch und die Situationen, die ihr erlebt, durchaus verstehe, will ich euch jetzt einiges über mich erzählen. Vielleicht könnt ihr, die es betrifft, ja dadurch euren Glauben ein klein wenig verändern. Es wäre mir eine sehr große Freude.

Liebe Freunde, es ist mir wirklich wichtig, auch von euch ganz angenommen zu werden.

Für alle Betroffenen wäre es übrigens ein großes Geschenk, wenn die Menschen sich die *Nähe* der geistigen Lichtwesen erlauben würden. *Wir sind in eurer Nähe! Wir sind mit euch verbunden! Obwohl ihr dies tief in eurem Inneren wisst, fällt es euch noch immer schwer, euer eigenes Wissen darüber auch einzusetzen und für euch persönlich anzuwenden.* Ihr unterliegt immer noch dem Muster, euch „Eltern" suchen zu müssen, die euch sagen, wo es lang geht. Und so stellt ihr die höher entwickelten Wesen auf einen Sockel, ohne zu bedenken, dass ihr damit die Getrenntheit immer wieder neu belebt. *Ihr wisst selbst, wo es lang geht, meine lieben Freunde!*

Was nun die Erfahrung meiner Gefühle betrifft und die Annahme einiger Menschen dazu, so muss ich euch enttäuschen, denn mir sind die Gefühle, die ihr auf der Erde erlebt, weitestgehend durchaus aus eigenen Erfahrungen bekannt. Auch die Situationen, die ihr momentan sowohl in politischer wie auch in wirtschaftlicher Hinsicht durchlebt, haben in ähnlicher Weise anderswo bereits stattgefunden, sogar bis zur vollständigen Zerstörung der betreffenden Planeten. Hier waren die Erfahrungsmöglichkeiten zwar ein wenig anders; jedoch sie waren da. Denn es hat alles in sehr ähnlicher Weise auch auf einigen anderen Planeten gegeben, und auf einigen habe ich in verkörperter Form und in verschiedenen Rollen gelebt.

Die einzigartigen Erfahrungen, die auf der Erde gemacht werden sollten, hatten Vorläufer. Doch die Tiefe der Gefühle und die Erfahrungsmöglichkeiten, Situationen in jeder Richtung zu gestalten, sind auf der Erde intensiver zu erleben.

Die scheinbare Freiheit, Dinge bis zum Exzess treiben zu können, zunächst auch scheinbar ohne jemals die Verantwortung fürs eigene Tun übernehmen zu müssen, ist anders als an anderen Orten, die Erfahrungsmöglichkeiten bieten. Und das macht schon einen Unterschied zu meinen Erfahrungen; insoweit haben die Menschen mit ihrer Annahme wieder „recht".

Die scheinbar ausweglosen Situationen, die gelebte Hilflosigkeit im Glauben der Menschen und die Schwere, die auf der Erde gelebt werden und die wie ein Sog bei den Menschen wirken, ist wirklich einmalig in der Geschichte der Ganzheit. Ich werde dazu in meinem nächsten Kapitel noch einiges sagen.

Das, was jetzt meine und eure Erfahrungen der Körperlichkeit in Bezug auf Gefühle unterscheidet, ist lediglich meine *Bewusstheit* darüber, wer wir alle sind, und das Erkennen eurer Rollen auf der Erde und die ganzheitliche Bedeutung derselben. Mit anderen Worten: Ich durchschaue das Spiel und weiß, wer jeder Einzelne von euch in seiner wahren Essenz ist. Ich kenne alle eure Rollen. Somit könnte man sagen: „Ich kann in euch lesen wie in einem offenen Buch." Und so ist es auch, liebe Freunde. Doch dies ist die Situation, die ich erst wieder erreichen konnte, nachdem ich den größten Teil meiner Inkarnationen erlebt hatte.

Auch ich habe während meiner Inkarnationen zunächst so viel Vergessen gewählt, wie es meine Rollen von mir verlangten, um Erfahrungen zu machen. Und so habe ich, dem die Erfahrung auf der Erde noch fehlt, die Verzweiflung und alle damit verbundenen Gefühle zwar weniger intensiv erfahren als die Menschen, doch wie es so ist, denkt ja ein jeder, der ein Gefühl durchlebt, zunächst einmal, dass es ihn selbst am schwersten getroffen hat. Er ist dann so auf sein Gefühl fokussiert, dass er in diesem Moment kaum die Möglichkeit hat, sich einem Vergleich mit anderen Wesenheiten und deren Erfahrungen zu stellen.

Mit zunehmender Bewusstheit verliert sich dann die Illusion, und die Gefühle der Liebe und der Freude, ebenso wie alle daraus folgenden Gefühle, sind schließlich die Essenz, die wiedererkannt wird und als Gefühlswelt bestehen bleibt.

Seid ihr erst einmal wieder soweit bewusst, beginnt für euch eine neue Ära. Womit ich sagen will: Neue, ganzheitliche Aufgaben warten auf euch, die auf anderen Ebenen erfüllt werden. Ihr wachst dann immer mehr in die Meisterebenen hinein. Eure Aufgaben werden immer vielschichtiger, jedoch auch freudvoller. Denn dann erkennt ihr in jeder Aufgabe das göttliche Geschenk. Ihr mögt manches Mal noch Bedauern über eine bestimmte Entwicklung empfinden, was sich jedoch meist sehr schnell in die freudvolle Aufgabenerfüllung umwandelt.

Ja, und so erging es auch mir, meine lieben Freunde. Ich bin meinen Meisterweg ebenso gegangen wie die meisten Menschen dies tun, und ich bin all meinen „Helfern" von Herzen dankbar für die Hilfen, die *mir* zuteil wurden.

Auf einem sehr erdähnlichen Planeten habe ich mehrere Inkarnationen gelebt, doch auch auf anderen Planeten als eines der Wesen, die sich dort in körperlicher Gestalt manifestiert hatten. Und mehrere Male war ich dem menschlichen Körper in seiner Gestalt sehr ähnlich, liebe Freunde.

Auf dem erdähnlichen Planeten hatte ich mehrfach eine große Familie. Ich hatte Kinder und eine Ehefrau und viele Onkel, Tanten und, ja natürlich, auch Eltern. Einige meiner damaligen Verwandten leben heute als Menschen auf der Erde. Es ist schön für mich, ihnen manchmal begegnen zu dürfen, meist auch ohne ihr Wissen um unsere einstige Verwandtschaft.

Ich habe eine ganz besondere Beziehung zu meiner ganzen Familie gehabt, und ich habe sie sehr geliebt. Ich habe in männlichen Körpern, jedoch auch in weiblichen gelebt. Ich kenne auch die scheinbar unlösbaren Situationen, die ein Familienleben sehr häufig bietet. Auch ich habe Sorgen erfahren – Sorgen, weil ich mich weigerte, auf meine und erst recht auf die göttliche Führung zu vertrauen. Denn auch eine solche Situation wollte ich erfahren. Es gab in meinen Leben das Gefühl der Eifersucht ebenso wie die Gefühle von Neid, Wut und Hass. Wenn sie auch weniger intensiv von mir erfahren wurden, als dies auf der Erde möglich ist, so haben mich die Gefühle trotzdem tief verletzt. Ich habe andere Lebewesen tief verletzt und glaubte damals, dass nur ich selbst verletzt wäre. Ich war König, ich war Bettelmann, ich war Priester verschiedener Kulturen, und dadurch durfte ich auch Mörder und ebenso Mordopfer sein. An Kriegen, die es auch an anderen Orten in den verschiedenen Galaxien gegeben hat und auch zum jetzigen Zeitpunkt noch gibt, habe ich ebenfalls teilgenommen. Dort war ich Heerführer ebenso wie einfacher Soldat. Ich habe dreiunddreißig Inkarnationen erlebt und in ihnen Erfahrungen gemacht. Auch ich hatte die karmischen Gesetze zu leben und schließlich aufzulösen. Und auch ich bedurfte der ganzheitlichen Heilung.

Diese Erfahrungen meinerseits habe ich euch bisher verschwiegen, obwohl ich in einigen meiner anderen Bücher schon ein wenig über mich bekannt gegeben habe. Wie könnte ich mitfühlendes Verständnis für euch haben und euch etwas lehren, wenn mir die Erfahrungen beider Seiten, Täter und Opfer, fehlen würden?

Wie viele hohe geistige Wesenheiten sind die gleichen Wege gegangen, um schließlich Verständnis für euch und vor allen

Dingen für alle Lebewesen haben zu können! Wie kann man schließlich „GUT" werden, wenn einem als getrennte Wesenheit die Erfahrungen beider Seiten fehlen? Sie sind wichtig, um die Entscheidung zum Gutsein fällen zu können. Sie sind wichtig, um zu erkennen, dass wir alle eins sind. Und sie sind wirklich wichtig dafür, allen Wesenheiten und ihrem Schicksal tiefes Verständnis entgegenbringen zu können und dadurch schließlich auch wirklich aus diesem Verständnis heraus helfen zu können.

Ihr seht, ich habe Verständnis für euch und euer Schicksal. Und bitte vermeidet, mich mit anderen Meistern zu vergleichen. Denn jeder diesbezügliche Vergleich hinkt. Jede Wesenheit hat hervorstechende Eigenschaften, die für ganz bestimmte Situationen einzusetzen sind. Dies ist bei euch Menschen ebenso. Und jede Wesenheit trifft auf Menschen, die sich zu ihr hingezogen fühlen werden. Auch das erlebt ihr als Menschen. Oder ist es so, dass ihr alle Meister, die ihr kennt, gleichermaßen liebt? Ist es so, dass ihr eure Familienmitglieder gleichermaßen liebt?

Im Grunde tut ihr dies. Doch eine Weile erfahrt ihr noch die unterschiedlichen Liebesschwingungen, bis ihr so weit erwacht seid, dass ihr wieder wirklich erkennt. Im Übrigen hat die Zuneigung zu den Meistern auch damit zu tun, mit welchem Meister ihr in etwa gleich schwingt. Auf die Verbindungen mit den Menschen an eurer Seite trifft dies ebenfalls zu. Also erzähle ich euch hier nur das, was ihr zwar höchstwahrscheinlich selbst wisst, euch bisher jedoch vielleicht zu wenig bewusst gemacht habt.

Nun, ihr Lieben, da ich immer wieder gehört habe, dass ich kaum in der Lage sei, die menschlichen Gefühle und Situationen „richtig" beurteilen zu können, da ich zu weit weg wäre und mir die menschlichen Erfahrungen fehlen würden, habe ich euch eben erzählt, dass ich euch einmal sehr ähnlich war. Es kommt jedoch auch hinzu, dass ich euch all dies kaum hätte erzählen können, als eure Bewusstwerdung noch in den Anfängen steckte und euer Glaube an Bewertung euer Leben noch sehr stark beeinflusst hat. Eure damalige Weltanschauung wäre zusammengebrochen. Denn wer wollte schon hören, dass auch die Meister fast alle in ähnlichen Situationen gesteckt haben wie die heutigen Menschen! Ihr hättet diese Mitteilungen höchstwahrscheinlich als blasphemisch abgetan. Doch der eine oder andere von euch hätte vielleicht damals schon geschmunzelt. Wer weiß?

Nachdem ich die Inkarnationen beendet und die karmischen Verstrickungen aufgelöst hatte, beschloss ich allerdings schon, nur noch die Liebe und alle verwandten Gefühle zu leben. Mein Verständnis und mein Mitgefühl für euch alle ist jedoch immer vorhanden, auch aus der Sicht des menschlichen Bewusstseinsfeldes und der Gefühlswelt der Menschen. Denn bedenkt vielleicht auch einmal, dass die Schwingungen, die eure Gefühlswelt in den Kosmos weitergibt, auch von mir „angezapft" werden können. Ich sehe die Wahrscheinlichkeiten, die eure Entwicklung vorantreibt, und das bedeutet, ich sehe euch mit all dem, was euch ausmacht, sehr deutlich. Und darum kann ich durchaus alles nachempfinden. *Also seht mich bitte ganz nahe bei euch, mit Verständnis und Mitgefühl für euch!*

Warum erzähle ich euch das alles eigentlich? Es könnte mir doch völlig gleichgültig sein, was ihr über mich denkt.

Nun, ich halte es für sehr wichtig, wenn eine tiefe Vertrauensbasis zwischen uns aufgebaut werden soll, dass ihr das über mich wisst, was es meiner Meinung nach zu wissen gibt. Dass ihr auch mich versteht, wenigstens insoweit, wie es eure Strukturen erlauben, ist für mich ebenso wichtig. Und ich kann dazu noch sagen, dass wir auch dies einst beschlossen haben. Wir alle wollten die Erfahrung machen, wie es sich anfühlt, menschliche Göttlichkeit erwachen zu sehen. Und dies bringt es mit sich, dass geistigen Wesenheiten menschliche Nähe von den Menschen erlaubt wird. Und zu eurem stetig wachsenden Selbstwertgefühl lasst mich euch an dieser Stelle auch sagen: „Viele von euch kommen aus sehr hohen Ebenen, und wir sind uns sehr gut bekannt."

Mir ist wichtig, dass ihr meine Energie fühlt und dadurch meine Liebe zu euch durchdringen kann. Die Liebe hilft euch, die Erinnerung tief in euch wachzurufen, vor allen Dingen vom Gefühl der Liebe her.

Und ein weiterer Grund, warum ich einige meiner Leben wenigstens ansatzweise vor euch ausgebreitet habe, ist der, dass ich hoffe, bei einigen Menschen die Hoffnung wieder wachgerufen zu haben, dass auch sie eines Tages in die Meisterebenen aufsteigen können. Denn einige Menschen habe ich in dem Glauben gefangen gesehen, den Ansprüchen unseres großen Gottes kaum genügen zu können.

Die Gefühle der Liebe aus den jenseitigen Sphären wieder wachzurufen, ist wichtig. Denn nur mit Worten Erinnerung hervorzurufen oder darüber zu schreiben, mag den einen oder anderen vielleicht wirklich daran erinnern, woher er kommt und wer er in seiner Essenz ist, doch es ist einfach zu wenig. Ich hoffe, ihr erkennt den kleinen Unterschied.

Das Wissen um die Essenz des einzelnen Menschen muss auch mit dem Gefühl eines jeden Menschen übereinstimmen. All die Bücher, die schließlich bei euch gelandet sind, all die Vorträge, die auf der Erde gehalten wurden, haben euch auf dieses innere Wissen vorbereitet. Und nun kommt das Gefühl, es wirklich zu wissen, mit Herz und Verstand zu erfahren, dazu. Es ist das Gefühl, das euch auch erfahren lässt, wie sich Einssein anfühlt. In meiner Meditation nach dem Kapitel: „Die Straße des Vergessens" bringe ich euch unter anderem auch zu diesem Gefühl. Ihr dürft euch darauf freuen.

Es ist sehr wichtig für das, was ich mit diesem Buch bei euch zu erreichen hoffe. Es ist wichtig, dass ihr versteht, warum gerade jetzt der Zeitenwechsel stattfindet, warum ihr gerade jetzt hier seid und was ihr selbst dazu beitragen könnt, dass alles so weit wie möglich harmonisch stattfinden kann. Dass ihr erfühlt, dass auch ich als Wesenheit tief mit euch verbunden bin, ist ebenfalls von hoher Wichtigkeit. Dies belebt die einstige Vertrauensbasis wieder neu.

Doch das Wichtigste, was ihr zu allem beitragen könnt, ist, dass ihr endlich die Angst vor der Dunkelheit und den dunklen Wesen ablegt und damit die Angst vor euch selbst, vor euren manchmal für euch unergründlichen Tiefen eures Unterbewusstseins. Und dazu ist es notwendig, dass ihr euch eures ganzheitlichen Seins auch auf der Herzebene bewusst werdet.

Auf dieser Ebene verschwinden die angesprochenen Ängste wie von „Geisterhand". Doch wie ich schon sagte, werde ich euch dazu die notwendigen Erklärungen geben und euch helfen, diesen Status wieder zu erreichen – Schritt für Schritt. Also, liebe Freunde, bleibt auch weiterhin angstfrei und freut euch!

Mich annehmen zu können, so wie ich euch zu sein schien, fiel vielen Menschen auch aus folgendem Grund schwer: Meine Position ist ein wenig schwierig gewesen, weil ich in den Augen einiger Menschen ein „Außerirdischer" bin, also weder Jesus noch andere Meister, die sich euch in menschlichen Manifestationen zeigen und auf der Erde gelebt haben. Mein Gesicht wirkt auf viele Menschen beängstigend – oder zumindest so, als ob ich aus einer völlig anderen Welt käme – eben sehr weit weg. Sie bräuchten mir lediglich einen kleinen Moment in die Augen, die sie von meinem Bild heraus ansehen, zu blicken, und sie würden meine Liebe spüren. Was dazu führen würde, dass zumindest erst einmal die Angst vor mir weicht.

Hinzu kommt, dass diese Menschen Außerirdische häufig mit den Wesen der dunklen Mächte verbinden und sogar gleichsetzen, vor denen eben immer noch sehr viele Menschen Angst haben. Und da ich mit diesen Mächten zu tun habe, so denken viele Menschen, dass ich es letztendlich vielleicht doch zuwenig gut mit ihnen meine, weil ich eben auch völlig anders bin als sie.

Nun könnte ich mich ja in anderer Form zeigen, doch dies würde dem Auftrag, den ich für die Menschen übernommen habe, entgegenwirken. Denn mein diesbezüglicher Auftrag ist es, euch Menschen zu zeigen und fühlen zu lassen, dass es auch außerirdische Wesenheiten gibt, die reine Liebe und reines Licht sind und ebenso göttlich in ihrem Kern wie ihr und die trotzdem die Menschen mit all ihren Sorgen und Nöten sehr gut verstehen und ihre Erfahrungen nachempfinden können, auch wenn es mit einer anderen Sichtweise geschieht.

Und da wir gerade bei Außerirdischen sind: Viel zu viele von euch glauben, dass nur dunkle Wesenheiten, die Kälte leben, Außerirdische sind. Einige von ihnen sind es, jedenfalls nach eurem irdischen Verständnis. Doch wenn ihr eure irdischen Körper verlasst, so finden sich einige von euch, die im Moment noch völlige Ablehnung dieser Wesenheiten leben, in genau dieser Kategorie der Außerirdischen, die euch manchmal so viel Angst machen, wieder. Sowohl lichte als auch dunkle außerirdische Wesenheiten sind in menschlichen Körpern inkarniert und allzu oft doch sehr „menschlich" geworden, was letztendlich bedeutet, dass sie vergessen haben, zu welcher Kategorie sie zählen. Und nach dem irdischen Übergang fällt es ihnen oft schwer, sich wieder mit dem Körper, den sie sich auf anderen Ebenen ausgesucht haben, zu identifizieren. Die Bewertungen, die sie auf der Erde gegen diese Wesenheiten zu Felde geführt haben, bringen sie nun in Schwierigkeiten. Und so können sie in diesem Stadium erfahren, wie sich das Gesetz der Resonanz auch bis dorthin auswirkt.

Ich teile euch dies mit, weil ihr im Buch auch Wesenheiten begegnen werdet, die völlig anders aussehen als ihr und die für manch einen von euch unheimliche Erinnerungen wachrufen könnten. In diesem Falle wäre es sehr gut möglich, dass die Leser oder Leserinnen, die dies betrifft, wieder in Bewertungsstrukturen und Ängste verfallen. Um das zu vermeiden, solltet ihr darum wissen.

Doch auch wenn ihr jetzt wieder darum wisst, so hilft euch dies kaum, die vielfach vorhandene Angst vor manchen dieser Wesenheiten zu überwinden. Dies hat oft mit kosmischen Entführungen zu tun, über die ich in einem Kapitel sehr ausführlich berichten werde. Einstweilen vertraut euch verstärkt Erzengel Michael an, der eure Ängste kurzfristig sehr gut umzulenken weiß.

Ich lade euch ein, mit mir die verschiedenen Stationen der intergalaktischen Friedensmission zu besuchen und einige der Wesenheiten kennenzulernen, die dort ihren Aufgaben nachgehen. So werdet ihr auch etwas mehr über meine Arbeit erfahren. Ihr werdet Spezialaufgaben erleben, die euch schier unglaublich zu bewältigen scheinen. Und ich lade euch ebenfalls ein, mit mir in die Geschichte eurer wahren Identität einzutauchen. Ich danke Syskaah, dem Engel, der sich im nächsten Kapitel vorstellen und dabei eine wunderschöne Einleitung durchgeben wird.

Es erübrigt sich, dass ich euch im Moment noch Weiteres über mich und den Inhalt des Buches sage, denn dies ist zum Teil bereits auf der Rückseite des Covers geschehen und wird noch ein wenig deutlicher durch Syskaahs Begrüßung im nächsten Kapitel. Ich denke allerdings auch, es ist spannender für euch, wenn ihr euch in das Buch vertieft, ohne zu wissen, was höchstwahrscheinlich im nächsten Kapitel stehen wird. Ich denke, ihr solltet das Buch einfach lesen, vom Anfang bis zum Ende. Und ich denke, dass ihr es immer wieder gerne lesen werdet. Doch seht selbst!

Dieses Buch unterscheidet sich von den anderen Büchern, die ich habe schreiben lassen. Ihr werdet auch dies bemerken. Denn hier habt ihr eher einen kosmischen Kriminalroman in den Händen als ein hochgeistiges „Lehrbuch". Doch seht selbst, ob ihr auch aus einem „Kriminalroman" gewisse Lehren ziehen könnt.

Da ich in meinen anderen Büchern sehr Vieles über eure Bewertungsstrukturen gesagt habe, so kann ich mir das in diesem Buch sparen. Und da auch andere Lehrer euch viel Aufklärung zu diesem Thema gegeben haben, habt ihr zumindest die Möglichkeit, bestens informiert sein zu können. Jetzt gilt es, die Zusammenhänge eures Spiels immer mehr zu erkennen und euer Leben so zu gestalten, dass ihr euer diesbezüglich neu erworbenes Wissen dabei anwendet.

Was der Mensch selbst tun kann, das sollte er auch tun. Und Schritt für Schritt Zusammenhänge zu erkennen, ist ein sehr schönes Erfolgserlebnis, welches ich euch allen von Herzen wünsche.

Und nun viel Freude beim Lesen, meine lieben, lieben Freunde! Ich wünsche euch tiefes Erkennen und ein wundervolles Loslassen eurer sehr alten Ängste vor der Dunkelheit. Bitte macht euch bewusst, dass ich euch durchs Buch begleite.

In tiefer Liebe zu euch und allem, was ist

Vywamus

✳ ✳ ✳ ✳ ✳

Ein Engel stellt sich vor

Ich, *Syskaah,* begrüße euch auf das Herzlichste, liebe Menschen. Ich bin ein Engel, der seine Aufgabe darin gefunden hat, der intergalaktischen Friedensmission für die Dauer ihrer Existenz als Diener zur Verfügung zu stehen. Eine meiner Aufgaben ist es, als Botschafter der Friedensmission tätig zu sein. Und als dieser habe ich jetzt die Ehre und Freude, euch alle begrüßen zu dürfen, was ich hiermit von Herzen gerne tue.

Ich komme sehr weit herum, doch die Erde und vor allen Dingen euch Menschen zu besuchen, ist etwas ganz Besonderes für mich. Diese Reise mache ich zum ersten Mal, und sie verspricht, sehr spannend zu werden. Ich bin außerordentlich dankbar dafür.

Auch ich, dem menschliche Erfahrungen in einem eigenen menschlichen Körper gänzlich fremd sind, möchte jetzt gerne eine Verbindung zu euch intensivieren, und daher bitte ich euch, einen kleinen Moment eurer kostbaren Zeit mit mir zu verbringen. Dieses „Verbringen" bedeutet für mich, dass ihr meiner Liebe zu euch erlaubt, sich mit euren Herzensschwingungen zu verbinden, und euch dadurch bereit macht, sie zu empfangen und eure Körper in ihre heilende Kraft einzubetten.

Ihr werdet nach einer kleinen Weile fühlen, wie euer Herz sich erwärmt und weiter und weiter wird, gleich einer Rosenknospe, die langsam erblüht. Dabei könnt ihr spüren, wie eure eigene Schwingung ein wenig angehoben wird. Dies ist mit einem Gefühl der Leichtigkeit verbunden. Ich erwähne es für diejenigen, denen ein solches Gefühl im Moment noch fremd ist, um ihnen ein Erschrecken bezüglich des leicht veränderten Körpergefühls zu ersparen.

Wenn einige von euch glauben, ihre Fähigkeit verloren zu haben, dies spüren zu können, erlaubt mir doch bitte, mit meiner

Liebe auch etwas bei euch zu bewirken. Allein die Vorstellung, dass ich etwas bei euch bewirken könnte, dürfte euch schon helfen. Und so bitte ich euch, eure Vorstellungskraft in dieser Richtung zu nutzen. Lasst bitte alle die Kraft der Liebe arbeiten. Ich möchte doch erreichen, dass ihr euch auch alle in unserer Verbindung wohl fühlt.

Ich bin ein Friedensengel, der seine ganze Kraft der Friedensmission zur Verfügung stellt, und möchte mich wieder bei euch in Erinnerung rufen. Ich hoffe doch, dass der eine oder andere von euch meine Schwingung wiedererkennen wird. Das sagt schon, dass ich einigen von euch zumindest tief in ihrem Inneren bekannt geblieben bin. Im Laufe der Zeit, die in den irdischen Regionen fast eine Art Vorherrschaft übernommen hat, haben mich fast alle meine lieben Freunde sehr weit aus ihrem Bewusstsein verdrängt und einige sogar vergessen. Wäre es anders, so hätten die grausamen Erfahrungen, die auf der Erde auch gemacht werden sollten, wohl kaum stattfinden können, weil unsere Verbindung eine zu starke Liebesschwingung erzeugt hätte.

Erst jetzt im neuen Jahrtausend, und hier gleich zu Beginn, ist es vielen geistigen Lichtwesenheiten wieder erlaubt und möglich, mit viel mehr Menschen als noch im letzten Jahrhundert näheren Kontakt zu bekommen und zu halten. Immer mehr Menschen haben intensiv daran gearbeitet, dass die Schwingungen so weit erhöht wurden, dass uns allen diese wundervolle Verbindung als Geschenk zuteil werden konnte. Dafür sei euch allen von Herzen gedankt.

Die Schwingungen sind allgemein sehr angehoben, und daher besteht die neuerliche Möglichkeit, auch als sehr hoch schwingendes Wesen zur Erde und seinen Bewohnern Kontakt pflegen zu können. Dadurch dass sich viele Engel und Meister in den feinstofflichen irdischen Bereich begeben haben, um den Menschen zu helfen, ihr Bewusstsein für ihre wahre Identität wieder zu öffnen, haben auch die Engel, die bisher diese Sphären während der dunklen Zeit gemieden haben, eine Zutrittserlaubnis erhalten. Diese Erlaubnis musste abgewartet werden, denn die Polarität der dunklen und lichten Schwingungen hatte bisher unter allen Umständen Priorität. Bevor die Erlaubnis erteilt werden konnte, hatten erst die Zeiten der dunklen Erfahrungen stattzufinden. Und sie haben stattgefunden! Zum Teil sind sie auch jetzt noch sehr aktiv. Denn einige Menschen, und dies sind immer noch sehr viele, weigern sich schlicht und einfach, zu verstehen, dass damit nun endgültig Schluss zu sein hat. Sie sehnen zwar den Frieden herbei, doch weigern sie sich noch immer, zu sehen, dass sie diesen zuerst in sich selbst herstellen müssen.

Friede sei mit euch!

Der Planet Erde hat sich für all die Möglichkeiten, dunkle und lichte Erfahrungen zu machen, zur Verfügung gestellt. Ich habe dies sehr bedauert. Denn so fand auch eine starke Zerstörung des Erdkörpers statt. Ich weise hierzu auf die massiven Naturkatastrophen hin, die vom Menschen hausgemacht sind. Es war abzusehen, denn das Resonanzgesetz setzt sich immer durch, und jeder hat sich diesem Gesetz zu beugen.

Als Engel hatte ich mich in den göttlichen Plan zu fügen – wenn auch mit leiser Wehmut. Und da ich sah, was alles erstrebt werden sollte, wollte ich mich wenigstens insoweit nützlich machen, meine friedfertigen Anlagen der Ganzheit zur Verfügung zu stellen. Und ihr dürft mir gerne glauben, dass ich kaum eine Vorstellung von der hochinteressanten und umfangreichen Tätigkeit hatte, die mit diesem Entschluss für mich einhergeht.

Ich bin mit einer wundervollen, ganzheitlichen Aufgabe gesegnet und darf jetzt dazu auch noch in unserem Buch hin und wieder zu Wort kommen, um einiges zu erklären. Es macht mich unsagbar glücklich. Und ich danke bereits hier an dieser Stelle all unseren Lesern mit einem tiefen Gefühl der Demut und Liebe zu ihnen.

Viele von euch werden sich nach dem Lesen dieses Buches bereiterklären, uns, das heißt, die Friedensmission, zu unterstützen. Indem ihr die Informationen, die ihr hier lest, aufnehmt, gewähren uns alle Leser und Leserinnen bereits Unterstützung. Denn jede Information, die aufgenommen wird, verstärkt die Wirkung der Information. Doch einige von euch werden weit mehr tun, als dieses Buch „nur" zu lesen und „nur" die Informationen aufzunehmen. Darüber werden wir, das heißt, Vywamus, andere kosmische Wesenheiten, die sich euch noch vorstellen werden, und ich, euch noch mehr erzählen.

Ich bin glücklich und über alle Maßen dankbar, dass nun endlich der Zeitpunkt gekommen ist, dass Vywamus und andere liebevolle Wesenheiten sich auch der Geschichte einer kosmischen Entführung, die auf Tatsachen beruht, annehmen und den Menschen dadurch eine tiefe Öffnung in ihrem Bewusstsein zu ihrer eigenen ähnlich erlebten Geschichte ermöglichen. Denn auch wenn es einigen Menschen schwerfällt, sich dies vorstellen zu können, so betrifft gerade diese Geschichte die meisten Menschen. Und sie hat auf das Menschsein überaus große Auswirkungen.

Es ist so, dass dieses Buch in erster Linie von Vywamus geschrieben wird. Doch da er viele Details zur Friedensmission und zur Entwicklung einiger anderer Planeten und Sternformationen mit ihren Bewohnern an euch weitergeben möchte, deren Erfahrungen von anderen Mitgliedern der Friedensmission gemacht wurden, so haben wir alle gemeinsam beschlossen, einige dieser Wesenheiten in seinem Buch ebenfalls zu Wort kommen zu lassen. Denn wer könnte besser über etwas berichten als derjenige, der die Erfahrung selbst gemacht hat.
    Ich danke Petronella, dass sie dieses Buch für uns alle empfängt und die Worte aufschreibt.
    Doch nun überlasse ich euch zunächst einmal den weiteren Worten von Vywamus.

Gottes Segen über euch alle. In tiefer Liebe zu euch allen

Syskaah

Friede sei mit euch!

Die Straße des Vergessens
von Vywamus

In diesem Kapitel werden sich einige von euch mit Gefühlen konfrontiert sehen, die sie bisher immer wieder gerne verdrängt haben. Denn ihnen hat das Verständnis für sie gefehlt. Allenfalls haben sich einige gefragt, aus welcher Quelle sie immer wieder unverhofft auftauchten, blieben bisher jedoch ohne Antwort darauf, und anstatt intensiv in ihrem Inneren weiter nachzuforschen, verdrängten sie diese wieder. Andere setzten sofort ihren Verdrängungsmechanismus in Gang, ohne sie überhaupt erst anzunehmen.

Und jetzt sind einige von euch verkrampft, weil sie Angst vor der Eröffnung des Geheimnisses der jetzt angesprochenen Gefühle haben. Euch, die es angeht, bitte ich, sich zu entspannen.

Meine lieben Freunde, euch allen ist die Straße des Vergessens gut bekannt. Und obwohl jeder von euch sie kennt, glauben einige, sie sei lediglich eine Metapher, die ich benutze, um den Menschen etwas zu erklären. Wer es so sehen möchte, darf dies selbstverständlich auch tun.

Sicher, wenn wir alles, was wir uns geschaffen haben, als Illusion betrachten wollen, so ist auch die Straße Illusion – was letztendlich auch vollkommen richtig ist. Doch die Straße existiert im Kopf im Bewusstsein des Menschen, der sie bereist hat. Und somit ist sie für ihn erst einmal Realität geworden. Ich bitte euch alle, dies zu akzeptieren.

Denn es geht jetzt darum, die Gefühle zu klären, die in eurem Unterbewusstsein fleißig vor sich hin wirken. Und haben wir dies bewerkstelligt, können wir diese Straße als Illusion sehen und sie mitsamt den Gefühlen zur Transformation an Höhere Mächte abgeben.

Trotzdem bleibt sie für andere Menschen, die in ihrer Bewusstheit weniger weit entwickelt sind, bestehen. Solange Menschen ihre Erfahrungen ohne große Bewusstheit auf der Erde machen wollen, so ist ihnen dies auch weiterhin gestattet, soweit sie Absichten haben, die dem Wohle der Ganzheit dienen. Dies betrifft die Wesen, die aus den Reihen der Lichtwesen kommen. Doch Menschen, die bisher der dunklen Seite gedient haben und nun eine Inkarnation anstreben, die ihnen zur Umkehr verhilft, haben ebenfalls die Erlaubnis, auf dieser Straße zur Erde zu reisen. Bitte bedenkt dies und akzeptiert es bitte auch. Ich danke euch von ganzem Herzen dafür!

Am Ende genau dieser Straße, welche in ein großes Tor mündet, das die Erdatmosphäre berührt, steht Meister St. Germain auf der rechten und ich auf der linken Seite. Hinter mir steht Serapis Bey und hinter Meister St. Germain steht Jesus.

Es ist ein Platz, an dem viele Engel stehen, solange die Straße benutzt wird. Und jetzt stehen auch wir vier hier. Und dies nur deshalb, weil wir euch ein Eintauchen in den Beginn eurer jetzigen irdischen Inkarnation ermöglichen möchten. Und wir tun dies wiederum, weil ihr uns a) darum gebeten habt und b) es dazu beiträgt, dass ihr noch mehr Verständnis für eure Rollen und vor allen Dingen für die schmerzhaften Erfahrungen, die ihr in ihnen gemacht habt, beziehungsweise vielleicht gerade jetzt durchlebt, erlangt

Am Ende dieser Straße befindet sich also ein großes „Tor", welches sehr stark vibriert und hellgraue bis schwarze Strudel produziert. Das Tor bewegt sich ständig. Es ist voller Leben, also anders für euch wahrzunehmen als eure Tore auf der Erde. Denn diese seht ihr als feststehende Objekte an, obwohl auch sie „leben".

Menschen, die sehr bewusst mit Energien arbeiten, können dies spüren, sobald sie sich physisch mit feststehenden Gegenständen verbinden. Sie spüren dann die Energie des Materials, ebenso wie sie auch die Energie in der Natur und bei anderen Menschen und Tieren spüren.

Das Tor zum Übergang ist in der Lage, seine Form ständig zu verändern. Doch meist ist es kreisrund bis oval. Es bewegt sich ungefähr in einer Größe zwischen fünfundzwanzig bis fünfzig Metern im Durchmesser.

Die Kraft des Tores gleicht einem starken Sog, der euch in die Erdatmosphäre saugt. Vor diesem Tor stehen, wie schon gesagt, wir vier Wesenheiten und sehr viele Engel, deren Anzahl ständig variiert. Doch auch Wesenheiten aus den dunklen Welten sind hier vertreten. Und auch deren Anzahl variiert ständig.

Die Straße des Vergessens hat Ähnlichkeit mit den ersten Straßen, die im frühen Mittelalter gebaut wurden. Ihr findet an den Straßenrändern Gasthäuser, Kirchen, Friedhöfe, eben all das, was ihr auch auf der Erde gefunden habt. Ihr durftet Rast an den Orten einlegen, zu denen ihr euch hingezogen gefühlt habt. Im Moment des Aufsuchens der Orte wurde die Erinnerung an den Grund der Anziehung gelöscht, oder besser gesagt, vergessen, was bedeutet, verdrängt.

Und in dem Moment, in dem ihr am Tor des Übergangs angekommen seid, habt ihr von den dort auf euch wartenden Engeln einen für euch unsichtbaren Rucksack auf eure Schultern gelegt bekommen, den ihr durch euer Leben tragen durftet. Ich will damit sagen, dass alles, was ihr vergessen habt, als sehr niederdrückende Last auf euren Schultern Platz genommen hat. Der Vergleich mit einem weißen, unbeschriebenen Blatt, mit dem ihr euer Leben auf der Erde beginnt, hinkt, denn das Blatt ist auf der Rückseite sehr eng beschrieben.

Bevor ich jetzt weiter über die Straße und euer Vergessen schreibe, darf ich erst einmal herzliche Grüße von allen Lichtwesen, die an diesem Tor stehen, an euch übermitteln. Die Liebe, die sie für euch empfinden, senden sie euch selbst. Also macht euch bereit, meine lieben Freunde, sie auch zu empfangen.

Auch in diesem Kapitel berühre ich euch mit meiner Liebe und begrüße euch ebenfalls wieder, und dieses Mal überflute ich euch mit meiner Liebe. Ich bitte euch herzlich, euch dieser Überflutung zu stellen. Meine Liebe zu euch kommt wahrhaftig in Wellen über euch, gleich einer Überflutung, die ihr auch im irdischen Bereich kennt. Doch diese Überflutung ist ohne gewaltsame Auswirkungen. Vielmehr ist sie so anzusehen, als ob Wasser stetig ansteigt. Und verbunden mit der Liebeskraft der erwähnten großen anwesenden Meister schlägt sie überaus hohe Wellen, die jedoch sanft auf eure Körper niedergehen. Lasst euch ruhig einmal hineinfallen.

Ihr seid bestens bei uns aufgehoben, also bitte traut euch. Euer Verstand weiß mittlerweile darum. Der Verstand ist für die theoretische Erfahrung wichtig, doch hier und jetzt und im ganzen Buch geht es in erster Linie um Gefühle, die aus der Liebe geboren werden. Das ist auch der Grund, warum ich euch in den vorigen Kapiteln darauf vorbereitet habe. Denn sind die Gefühle der Liebe und der Freude geweckt, so seid ihr in der Schwingung der Liebe. Und es wäre schön, wenn ihr in dieser Schwingung bleiben könntet, während ihr das Buch lest. Denn diese Schwingung bringt euch dazu, tiefes Verständnis für andere zu empfinden, statt sie anzuklagen oder gar zu verurteilen.

Jetzt habt ihr die Chance, das wundervolle Gefühl der tiefen Liebe in euch zu erfahren. Lasst euch ein, ihr Lieben. Fühlt die Erinnerung an eure Heimat und eure Familie in diesen hohen Regionen. Wir geistigen Wesenheiten können euch dabei helfen. Seid bereit, die Erinnerung hochkommen zu lassen.

Vielleicht glaubt ihr jedoch, dass euch die Erinnerung dazu bringen könnte, euer Leben auf der Erde vorschnell zu beenden. Vielleicht glaubt ihr ja, die Sehnsucht nach Zuhause kaum ertragen zu können. Und vielleicht verwehrt ihr euch dadurch ein Eintauchen in die Erinnerung und die damit verbundene Gefühlswelt. Doch wisst, dies ist lediglich Angst, die euch das Gefühl der Getrenntheit vermittelt hat. Lasst euch dabei helfen, diese Angst zu überwinden. Es könnte euch Meilensteine in eurer geistigen Entwicklung voranbringen.

Jetzt habt ihr die Gelegenheit, dies anzugehen. Es braucht lediglich euer Bereitsein dazu. Ein Wort der Zustimmung, ein Gedanke, der signalisiert, dass ihr bereit seid, und das Wunder wird vollbracht.

Doch das Wunder ist leise, während es wirkt. Und dadurch könnten die Menschen, denen es schwerfällt, leise wirkende Wunder wahrzunehmen, in Zweifel geraten – auch, weil sie ungeduldig auf „etwas" warten. Doch bedenkt, dass der leiseste Zweifel euch wieder zurückwerfen kann. Und wenn Wunder wirken, so wäre es klug, wenn der Mensch sich ihnen ohne Erwartungshaltung öffnet.

Eine eurer Erwartungen ist nun die gewesen, dass die Überflutung meiner Liebe heftig zu spüren sein müsste, wie das mit Überflutungen im irdischen Bereich oft ist. Doch das Gegenteil ist der Fall, wie ich schon angedeutet habe, liebe Freunde. Meine Energie ist sehr sanft – auch mit noch so viel Liebe. Doch sie ist auch sehr heiß. Spürt bitte selbst, wie ihr sie aufnehmt. Und lasst bitte eure Erwartungen los. Gebt euch einfach eurem Gefühl hin. Danke, ihr Lieben.

Nutzt die Gelegenheit, jetzt, da so viele Wesenheiten durch das Buch bei euch sind, die Hürden der diversen Ängste zu überwinden. Und wisst einfach, dass ihr vertrauen könnt. Denn bis 2012 und für die Zeiten danach sollt ihr, die sich der Lichtwelt bereits geöffnet haben, so weit transformiert sein, dass euer Vertrauen in die göttliche Kraft und in die der Lichtwesen wieder hergestellt ist. Und ihr dürft bereits jetzt erfahren, wie es dann sein wird. Und außerdem habt ihr damit die Transformation eingeleitet, die euch diese Ängste durchschauen und auflösen lässt.

✳ ✳ ✳ ✳ ✳

Die Straße des Vergessens! Ja, diese Straße, die euch so viele schwer zu ertragende Situationen ermöglicht hat, sie existiert in der Realität, die für euch von euch geschaffen wurde, wirklich. Macht euch bitte klar, dass sie zumindest für diejenigen, die mein Buch lesen, Realität ist und eine immense Strahlkraft besitzt, die euch half, das Vergessen dessen, woher ihr kamt und wer ihr seid und die Gründe dafür, warum ihr auf die Erde gegangen seid, zu ermöglichen.

Ihre Strahlkraft half euch ebenso dabei, zu vergessen, wer die Menschen in eurer Umgebung ihrem Ursprung nach sind, welche Aufgaben sie für euch übernommen haben und welche karmische Verbindung zwischen euch besteht. Und diese Menschen haben größtenteils ebenfalls das große Vergessen gewählt. So konntet ihr, die sich für diese Straße entschieden haben, die Spiele des irdischen Lebens auf einer ähnlichen Schwingungsfrequenz austragen und erfahren.

Es gibt viele Übergänge zur Erde, die bereist oder benutzt werden können, um sich auf der Erde zu manifestieren, und manch eine Wesenheit bringt einen Aspekt ihrer selbst sogar in den Mutterleib, ohne einen Übergang gewählt zu haben. Doch wer sich für seinen Übergang in die irdische Ebene diese Straße ausgesucht hat, der wollte es wirklich wissen! So sagt ihr doch so gerne, wenn jemand sich etwas ganz besonders Schweres ausgesucht hat, was er erleben und erfahren wollte.

Ich habe mir für dieses Kapitel die Straße des Vergessens als Tor zum Übergang in die irdische Ebene ausgesucht, um euch einiges über euch zu erklären, was helfen wird, das Vergessen umwandeln zu können. Netterweise hat sich Meister St. Germain dazu bereiterklärt, in einem Kapitel die Funktion der Umkehr des Vergessens genauer zu erklären, und zwar auf jeden Einzelnen bezogen, der sich dem Vergessen hingeben wollte. Er wird euch ebenfalls schildern, aus welchen Gründen einige von euch nun bereit sind, diese Entscheidung umwandeln zu wollen. In seinem Kapitel, das auf die Meditation im Anschluss meines jetzigen Kapitels folgt, wird er dies tun und noch vieles mehr erklären, was euch sicherlich überraschen wird.

Doch jetzt möchte ich mich wieder mit meinem Thema befassen. Es könnte jedoch sein, dass ich auch weiterhin scheinbar immer wieder abschweife. Bitte seht mir dies nach. Es ist mir ein wirkliches Bedürfnis, euch soweit wie möglich an meinen Gedankengängen teilhaben zu lassen, euch allerdings auch so viel wie eben möglich mitzuteilen. Solltet ihr vielleicht deshalb glauben, dass der rote Faden von mir vergessen werden könnte, so seid euch sicher, ich habe ihn im Auge, obwohl ich Kontakt zur Straße des Vergessens habe.

Ihr habt die Straße des Vergessens bereist, weil ihr ganz tief und völlig ahnungslos in die Menschlichkeit gehen wolltet. Und ihr wolltet auf der Erde den „Himmel" finden, aus der Dunkelheit ins strahlend Helle wechseln. Es wird euch gelingen, wenn ihr lange genug dort bleibt und an der Entwicklung mitarbeitet.

Durch Vergessen seiner Fähigkeiten und seines Seins lebt man blind. Das heißt, man muss sich erst den Boden unter den Füßen erarbeiten und eine Sicherheit nach irdischen Vorstellungen erreichen. Doch könnt ihr sie überhaupt erreichen? Eure Eltern und die Verwandtschaft, die Freunde und all die Menschen, mit denen ihr zusammenkommt, sind ständig dabei, euch die *Suche* vorzuleben.

Kennt ihr einen Menschen, der diese Suche beendet hat, weil er am Ziel angelangt ist? Menschen, die erkannt haben, die bewusst sind, haben dieses Etappenziel erreicht. Und ihr seid die nächsten, die es erreichen werden. Auch darum seid ihr zu meinem Buch gekommen.

Wenn ihr die Menschen in eurer Umgebung und deren Bedürfnis, irdische Sicherheit zu erlangen, einmal genauer betrachtet, so erkennt ihr vielleicht, mit wie viel Ängsten sie im Außen konfrontiert werden, die ihnen suggerieren, was sie alles tun müssen, um endlich Sicherheit zu erlangen.

Ich weise als Beispiel dazu einmal auf die großen Versicherungsgesellschaften hin, denen viele Menschen freiwillig ihr Geld zur Verfügung stellen, weil sie den Versprechungen der Versicherer glauben.

Diesen haben die zahlenden Mitglieder zu einer großartigen Einnahmequelle verholfen. Durch die Ängste der Menschen, die auf der Suche, sich abzusichern, glauben, durch eine Versicherung zumindest schon einmal ein bisschen Sicherheit zu haben, sind die Versicherer in den Genuss eines ziemlich geregelten und dauerhaften Einkommens gekommen, welches inzwischen zu einem riesigen Vermögen angewachsen ist.

Die Verantwortlichen tun sehr viel dafür, es zusammenzuhalten und möglichst noch zu vergrößern. Und die Regierung in den deutschen Landen, doch zunehmend auch in anderen Ländern, unterstützt solche Machenschaften gerne. Menschen, die dort tätig sind, unterliegen oft ebenfalls den angesprochenen Ängsten. Und doch, auch für sie bietet sich hier eine Gelegenheit, zu Geld zu kommen – welches natürlich zum Wohle des Staates verwendet werden wird beziehungsweise wurde, wie die Rechnungsabschlüsse des Regierungshaushaltes den Menschen dann schließlich beweisen.

Bei allem Geldverdienen spielt jedoch auch die Sicherung von Arbeitsplätzen eine große Rolle. Und ich möchte auch erwähnen, dass selbst Versicherungsvertreter oft Versorgungsängsten unterliegen und dadurch ihrem Job zumindest teilweise ehrlich nachgehen, denn viele von ihnen glauben an die gute Sache.

Ihr seid alle so weit bewusst, dass ihr diese Spielchen durchschauen könnt, doch bitte ohne dann in die Verurteilung zu gehen. Stattdessen könntet ihr über die Geschicklichkeit bzw. manchmal auch die Ungeschicklichkeit der betreffenden Menschen, die nach Wegen suchen, zu Geld zu kommen, schmunzeln. Ihr werdet spüren, wie dies euer Körpersystem erleichtert.

Doch es gibt auch Versicherungen, die Menschen in ihre Gesellschaft zwingen. Bei diesen Gesellschaften spielt sich das Ganze in sehr ähnlicher Weise wie zuvor erwähnt ab.

Ich spreche hier von Berufsgenossenschaften, und es sind immer die Menschen, die durch ihre Arbeit in ein Abhängigkeitsverhältnis geraten sind, die dort gezwungenermaßen Mitglieder werden. Sie fragen sich sicher, wenn sie das hier lesen, wie sie dieser Abhängigkeit entgehen können und wo hier ihr freier Wille ist.

Und trotz all der Unehrlichkeit, die solchen Unternehmungen anhaftet, gibt es doch auch hin und wieder einen Lichtblick im System, denn es gibt ja tatsächlich hin und wieder Menschen, die auch schon Auszahlungen erhalten und damit tatsächlich eine finanzielle Sicherheit erlangt haben.

Erkundet ihr jetzt vielleicht euer eigenes Sicherheitsdenken und vergleicht es mit dem, welches ihr von anderen Menschen kennt, bedenkt bitte auch, dass sich fast jeder Mensch eine eigene Struktur des Sicherheitsdenkens mühselig erarbeitet hat. Es ist natürlich auch abhängig von seinen Urängsten, in welcher Form er sich seine Sicherheit vorstellt.

Und die Vergleiche mit dem Verhalten anderer Menschen sind für jeden Menschen wichtig. Er kann, wenn er erst einmal etwas länger auf dem Erdenplaneten ist und wenn er darüber nachdenkt, auch daran erkennen, dass schließlich jeder eine andere Weltanschauung besitzt und daran dann auch wieder die Breite der Erfahrungsmöglichkeiten.

Ja, und was hat das nun mit der Straße des Vergessens zu tun?

Im Grunde hat das ganze Sicherheitsdenken mit dem Vergessen zu tun.

Würdet ihr erwacht auf die Erde gehen, so hätten die besagten Gesellschaften wohl kaum eine Möglichkeit, den Menschen eine Sicherheit vorzugaukeln, wie auch viele andere Systeme, die eure Vorfahren erarbeitet haben.

Na ja, ihr seid ja auch auf der Erde, weil ihr dort Veränderungen zum Wohle der Ganzheit einbringen möchtet. Und wie könnte man dies besser, als tief in die Systeme einzusteigen. Würdet ihr die Systeme dort, wo ihr seid, nur oberflächlich erfahren, würden euch viele der Erfahrungsmöglichkeiten entgehen. Auch wenn das bedeutet, dass der Mensch tief in den Schmerz eintauchen muss. Um Leid erkennen zu können, muss man selbst schon diesbezügliche Erfahrungen machen. Und die Erfahrungen müssen schon so tief sein, dass der Mensch wirklich an seine Grenze stößt und dadurch beginnt zu handeln, eben nach anderen Wegen zu suchen.

Doch wer macht sich darüber schon Gedanken? Dann hört man Aussagen, die kundtun, dass man doch nicht hinter jedem Ereignis die „tiefe Bedeutung" suchen sollte. Schließlich gibt es doch immer etwas, was sich dem Verständnis des Menschen entzieht. Und die Menschen, die auf diese Weise ihre Meinung kundtun, haben eingeschränkt durchaus recht. Denn es ist momentan tatsächlich so, dass es dem Menschen noch verwehrt ist, so tiefe Einblicke in die ganzheitlichen wie auch irdischen, existenziellen Systeme zu bekommen und alles zu verstehen.

So scheinen einige Menschen einfach zu resignieren oder auch zu zeigen, dass sie sich damit abfinden. Doch gleichzeitig erkennt derjenige, der tiefer zu schauen vermag, die Traurigkeit darüber in den Menschen, die versuchen, so zu denken. Ja, und diese Menschen sind es in erster Linie, die verzweifelt nach ihrer eigenen Tiefe suchen. Doch tun sie dies, wie fast alle Menschen, zuerst im Außen. Das heißt, sie suchen immer noch nach dem sicheren Boden, den sie glauben, unter den Füßen haben zu müssen.

Doch, meine lieben Freunde, der sichere Boden wird euch doch immer wieder fortgerissen, wieso sucht ihr ihn trotzdem immer wieder aufzubauen? Was ist auf der Erde denn „sicher"? Schaut euch um. Ist es Geld, ist es Besitz? Oder seid ihr es selbst, die sicher sein dürfen, dass sie existent sind? Und könnte euch dies eine Sicherheit geben? Glaubt ihr, dass ihr existent seid?

Ja, Fragen über Fragen. Im Grunde gehören sie zu den ursächlichen Fragen eurer Existenz, eurer Rollen und den Spielregeln, die ihr ja zuerst einmal vergessen wolltet. Und eine Frage gebiert die nächste. Manche Menschen denken, man könnte sich den ganzen Tag mit diesen Fragen beschäftigen. Und fühlt ihr ebenso? Hier erfahrt ihr eine Art von Sucht, die den Ursprung betrifft. Ihr wollt eure eigene Göttlichkeit „zu fassen" bekommen und dann diese Bewusstheit dazu nutzen, der Welt Frieden und Wohlstand zu bringen, indem ihr eure Schöpferkraft einsetzt.

Eure Schöpferkraft setzt ihr bereits tagtäglich ein, ohne dass es den meisten Menschen bewusst ist. Und auch die Menschen, die sich als Lichtarbeiter betätigen, agieren meist ohne dieses Wissen. Es ist ganz einfach, liebe Freunde, ihr erschafft durch eure Gedanken. Hier ist eure Schöpferkraft verborgen. Und dies bleibt so, auch wenn viele Menschen dies gerne anders sehen möchten. Könnt ihr erst eure Gedanken bewusst als Werkzeuge einsetzen, wird sich euch auch eure Schöpferkraft bewusst zeigen.

Ich habe auf den vorigen Seiten davon gesprochen, dass ihr die irdischen Spielregeln immer besser durchschaut. Vielleicht fragt ihr euch gerade, wie es je dazu kommen wird, sie wirklich zu durchschauen. Und doch, meine Lieben, ihr werdet sie durchschauen, und zwar sehr bald. Schließlich finden darum ja so viele Botschaften den Weg zu euch. Doch Fragen werden immer offen bleiben, ihr werdet auch dies selbst erkennen. Erst ganz am Ende eurer Existenz in Körpern, dann, wenn ihr wieder zu eurer Essenz werdet, wisst ihr um all die Illusionen, die ihr Realität habt werden lassen. Und das Schöne ist dann, ihr könnt jederzeit in eine dieser Realitäten zurückgehen, um dort eine Weile zu bleiben und neue Spiele zu spielen.

Um noch einmal auf euer Sicherheitsdenken zurückzukommen; unter euch weilen auch Menschen, die sich anscheinend auf der irdischen Straße sicher fühlen, obwohl sie kaum wissen, woher sie ihre Versorgung für den nächsten Tag nehmen sollen. Oft sind diese Menschen dem Alkohol verfallen. Ihr seht sie häufiger im Alkoholdelirium, und ihr erfahrt häufig, dass sie schneller sterben als ein so genannter normaler Bürgerlicher, der sich dem zurzeit geltenden System unterworfen hat. Zum Beispiel erfrieren einige im Winter, weil sie ohne Obdach leben, oder andere Arten von Krankheiten erschweren ihnen ihr Leben. Warum leben sie so?

Und viele der Menschen, die glauben, sich eine sogenannte Sicherheit aufgebaut zu haben, beginnen über diese Menschen zu urteilen, sobald sie mit ihnen konfrontiert werden. Interessanterweise fallen die Urteile in sehr unterschiedlichen Äußerungen aus. Doch wer mag schon daran denken, dass auch er selbst eines Tages auf der Straße enden könnte! Die Angst davor, dass dies wirklich geschehen könnte, sitzt jedoch tief in euch. Denn ihr alle habt diesbezügliche Erfahrungen zumindest in anderen Leben gemacht. Und durch euer Verurteilen verstärkt sich die unterdrückte Angst.

Es gibt natürlich auch Ausnahmen. Doch ich möchte euch auf einige sehr stark unterschwellig wirkende Ängste aufmerksam machen. Und darum erzähle ich es euch. Denn diese Ängste verhindern euer Mitgefühl, das ich doch so gerne als Grundlage, verbunden mit Liebe und Freude, für unsere jetzige Zusammenkunft bei euch sehen würde.

Und damit wir das Thema Sicherheit zum Abschluss bringen können, sei euch gesagt: Das, was ihr sucht, ist das Gefühl der Einheit, denn das ist es, was euch die so verzweifelt gesuchte Sicherheit gibt.

Fast alle Menschen erleben in den ersten vier Kindheitsjahren Situationen, die sie das Urvertrauen, soweit sie es mit zur Erde gebracht haben, verlieren lässt. Dadurch wolltet ihr die Getrenntheit in ihrer schärfsten Form erfahren. Und die schärfste Form, Getrenntheit zu erfahren, ist nur möglich, wenn man die Straße des Vergessens durchwandert hat.

So habt ihr auch die Möglichkeit, eure Kreativität ganz und gar auszuleben. Ohne zu wissen, wohin sie euch bringt, ohne zu wissen, wie der Weg, den ihr gehen wolltet, verläuft, das ist nur durch das Vergessen eurer „Vergangenheit" möglich. Nach und nach dann die Erkenntnis zu erlangen, wohin ihr eigentlich wolltet, und zu sehen, welche Wege ihr dazu eingeschlagen habt, ist ein grandioses Erlebnis, wenn ihr dann auch die Schwere aus euren Erfahrungen herausnehmt.

Immer wieder spreche ich euch alle an, so könntet ihr vielleicht glauben, dass dies ein Versehen von mir ist. Ihr könnt davon ausgehen, dass es alle meine Leser betrifft. Alle meine Leser haben in einer ihrer letzten Inkarnationen diese Straße gewählt. Denn jeder von euch wollte mindestens einmal die Kraft der Straße spüren. Und daher sind in fast allen Lesern die angesprochenen Ängste und die Ursache des Verlustes des Urvertrauens verborgen.

Und da ich euch auf sie aufmerksam gemacht habe, ist es auch möglich, dass wir alles auflösen, was zumindest mit der Straße des Vergessens zusammenhängt.

Das kann alles nur deshalb geschehen, weil ihr selbst die Zustimmung zur Auflösung dieses Mechanismusses gegeben habt. Und da ihr in dieser wundervollen Zeit der Transformation auf der Erde seid, habt ihr auch die Erlaubnis erteilt, Hilfen zu bekommen, die euch ein klares Bild über alles Geschehen, was euch als Einzelperson und was ganzheitliche Vorgänge betrifft, geben. Ihr habt euch ebenfalls einverstanden erklärt, Klarheit anzustreben, die Hilfen aus der geistigen, jedoch auch aus der irdischen Welt anzunehmen.

Könnt ihr euch vorstellen, dass es eine Zeit geben wird, die übrigens sehr nahe ist, in der ihr euch auch hinter der Rolle sehen könnt, die ihr spielt, und versteht, was ihr als Schauspieler in der jeweiligen Rolle zu leisten habt? Könnt ihr euch vorstellen, dass ihr die Straße des Vergessens zurückgehen werdet? Könnt ihr euch vorstellen, dass ihr in naher Zukunft ein Leben ohne Angst führen werdet? Seid gewiss, liebe Freunde, so sieht eure nahe Zukunft aus!

Seit ihr begonnen habt, in menschlichen Körpern Rollen zu spielen, habt ihr fast alle die Straße des Vergessens immer wieder benutzen dürfen, um in eure Rollen schlüpfen zu können. Man könnte also sagen, dass jeder sie kennt. Es ist eine Straße, die außerordentlich belebt ist. Die Richtung, in der die Lebewesen wandern, ist die Richtung zur Erde. Ein Zurückgehen auf dieser Straße ist ausgeschlossen.

Ihr selbst habt beim Bau dieser Straße mitgeholfen, doch auch das habt ihr vergessen, als ihr sie durchwandert habt.

Nun gibt es in anderen Kulturen für die Straße des Vergessens und für das Tor andere Namen und auch andere Bilder. Sie alle haben Gültigkeit. Denn auch hier gilt, dass bereits auf diesem Weg jedes Individuum die Straße anders erlebt. Und dieses Erleben hat mit Ängsten aus anderen Leben zu tun, die in dem neuen Leben noch einmal durchlebt werden und schließlich aufgearbeitet werden wollen.

Wenn ihr nun vielleicht einen Moment innehaltet und euch klarzumachen versucht, welch' ungeheurer Mut dazu gehört, über die Straße und durch das Tor zu gehen, dürfte euch klar werden, welch' mutige und großartige Wesenheiten ihr seid.

Doch ich möchte euch auch noch erklären, wie es überhaupt geschehen kann, dass ihr vergesst, während ihr die Straße entlang wandert.

Das, was ihr vergesst, habe ich bereits erwähnt. Und euch ist auch bekannt, dass ihr alle über einen Verdrängungsmechanismus verfügt. Dieser bewirkt jedoch, dass das, was verdrängt wird, stärker wird, bis es zum Ausbruch der dazugehörenden Gefühle kommt. Meist bleibt euch jedoch die Ursache dafür verborgen. Und das Spiel eurer Gefühle kann nun immer wieder von Neuem beginnen, bis ihr bereit seid, euch ihnen zu stellen.

Es ist die immens starke Strahlkraft dieser Straße, die, je weiter die Wesenheit, die sie vor der neuen Inkarnation gewesen ist, entlang wandert, immer stärker wird und die es bewirkt, dass eure Erinnerung Stück für Stück so gelöscht wird, dass sie aus eurem Bewusstsein verschwindet, und zwar so weit, wie ihr euch das Vergessen gewünscht habt. Die Programmierung in euren Zellen wird ins Unterbewusstsein verschoben und dort wie mit einem Kokon ummantelt. Dort können die Programmierungen dann wirken, wie ich es eben geschildert habe. Denn Ziel ist es, diese zu erkennen und das Vergessen umzuwandeln. Und hierbei hilft die Transformation, die Meister St. Germain leitet. Und dies tut er auch dann, wenn ihr selbst nur wenig davon spürt.

Um die Aktion des Vergessens erfolgreich, dem Lebensplan eines Jeden angepasst, abzuschließen, ist der Energiestrahl, der die Straße des Vergessens belebt, mit dem Hohen Selbst eines jeden Menschen verbunden. Macht euch ruhig klar, dass auch die Straße des Vergessens, dieser starke Energiestrahl, über eine besondere Intelligenz verfügt, die durch den Kontakt zu den Kräften der Hohen Selbste noch weitgehend verstärkt wird. So werden eventuelle „Fehler" von vornherein ausgeschlossen.

Wie erklärt man sich nun, dass es Menschen gibt, die mit sehr viel Erinnerung an alte Geschichten auf die Erde kommen?

Das wird euch Meister St. Germain im Kapitel nach der folgenden Meditation erklären.

Ich wünsche euch gleich viel Freude mit unserem großen Meister St. Germain.

Seid gesegnet, meine lieben, lieben Freunde!

Vywamus

✳ ✳ ✳ ✳ ✳

Meditation mit Vywamus

Da die meisten von euch sehr mit Ängsten vor dem „Unheimlichen" (was fast für jeden Menschen etwas anderes bedeutet) zu kämpfen haben, ist diese Meditation sicherlich auch als passend für eure weitere Entwicklung anzusehen. Doch auch diejenigen von euch, die sich von diesen Ängsten bereits frei gemacht haben, sind herzlich eingeladen, an der folgenden Meditation teilzunehmen. Denn es ist durchaus möglich, dass ihr durch sie und den tiefen Kontakt zu euch selbst einiges über euch selbst erfahrt, was ihr verdrängt hattet. Ich wünsche euch viel Freude dabei.

Ich bitte euch, um in diese Meditation einzusteigen, einen Platz zu suchen, an dem ihr möglichst lange ungestört bleiben könnt. Bereitet hier alles so vor, wie ihr es gerne haben mögt. Vielleicht gefallen euch blühende Blumen in eurer Nähe, vielleicht mögt ihr eine oder mehrere Kerzen entzünden, und, ja, auch leise, entspannende Musik wäre sicher für viele von euch angebracht.

Ihr selbst kennt die Vorbereitungsrituale, die ihr gerne vor den Meditationen macht, am besten. Mögt ihr es ohne Vorbereitung, so macht es euch wenigstens bequem. Denn bei dieser Meditation ist Entspannung eine wichtige Voraussetzung.

Wie immer bei meinen Meditationen möchte ich euren Blick für euch selbst erweitern. Doch diesmal möchte ich noch tiefer gehen, als ich es bisher getan habe.

Und nun nehme ich zu jedem von euch einzeln Kontakt auf. Seid ihr bereit?

Bitte verbinde dich jetzt mit deiner Inneren Führung und bitte sie, dich in dieser Meditation zu leiten und dir zu helfen, alle Fragen, die jetzt gestellt werden, zu beantworten.

Bitte atme einige Male tief ein und aus und bemerke, wie sich dein Körper zu entspannen beginnt. Atme weiter tief in deinen Solar-Plexus und richte deine Aufmerksamkeit auf dieses Chakra.

Stell dir nun vor, wie sich dein Solar-Plexus mit rosaroter Flüssigkeit füllt, die den goldgelben Grundton dieses Chakras durchläuft und es nun wie ein marmoriertes trichterförmiges Gebilde aussehen lässt.

Stell dir bitte weiter vor, wie du aus deinem physischen Körper austrittst (ohne es zu tun), und wie du in dein nun marmoriert aussehendes Chakra eintrittst.

Spüre die Vibration und Rotation deines Chakras. Und bleibe dort.

Wenn du nun das Gefühl hast, dass auch du in die Rotation und Vibration aufgenommen bist, stell dir vor, dass sich hinter diesem Chakra ein Raum befindet.

Tauche nun bitte tiefer ins Chakra ein, um schließlich den Raum betreten zu können.

Und nun betritt ihn bitte.

Es ist sehr hell in deinem Raum hinter dem Solar-Plexus. Die Wände dieses Raumes sind über und über mit mannshohen, blinkenden Spiegeln in goldenen Rahmen bedeckt. Selbst der Fußboden und die Decke sind jeweils eine einzige spiegelnde Fläche.

Aus jedem Spiegel schaut dich dein dir bekanntes Spiegelbild an. Wie du dich auch drehen und wenden magst, immer siehst du in dein Spiegelbild.

Bitte verweile hier, bis du Trauer in dir aufsteigen spürst. Vielleicht möchtest du ja jetzt deine Augen schließen, um deinem Spiegelbild auszuweichen. Tue es bitte, wenn du das Bedürfnis dazu hast.

Doch erlaube der Trauer in dir, sich zu öffnen, und erlaube dir ruhig, auch Tränen zu vergießen. Bleibe eine Weile in diesem Zustand, bis du deutliche Erleichterung spürst.

Wenn du dich wieder beruhigt hast, öffne deine Augen und schaue nach links in den ersten Spiegel, direkt neben dem Eingang, der in diesen Raum führt. Gehe jetzt bitte zu diesem Spiegel und sieh genau hinein. Das bist du, so wie du jetzt aussiehst. Schau in deine Spiegelbildaugen. Was sagen sie dir? Bist du mit dir zufrieden? Achte auf deine Gefühle und deine Mimik.
Wenn du bereit bist, gehe zum nächsten Spiegel und schaue dir an, wie du jetzt aussiehst. Du bist fünf Jahre jünger geworden. Schau dir auch hier in die Augen und frage dich, was du hier erfahren sollst. Warst du zu diesem Zeitpunkt zufrieden mit dir? Was sagst du dir selbst? Was möchtest du zu diesem Zeitpunkt an dir verändern?
Gehe nun wieder zurück zum ersten Spiegel und frage dich, ob du das, was du wolltest, erreicht hast.

Gehe nun langsam von Spiegel zu Spiegel, siehe, wie du dich veränderst, denn jeder Spiegel zeigt dich ca. fünf Jahre jünger. Stelle dir ruhig dieselben Fragen und gehe wieder zurück zum ersten Spiegelbild. Schau wieder hinein und frage dich immer wieder, ob du das, was du einst vorhattest, auch erreicht hast.
Komme nun in der Zeit deiner Pubertät an und sieh auch hier in dein Gesicht, in deine Augen, und stelle dir wieder die Fragen, die dir nun schon bekannt sind. Doch frage nun weiter: Wie kannst du deine Träume verwirklichen? Und jetzt siehe auch deine Eltern, deine Erzieher in der Schule, deinen ersten Arbeitgeber und all die Menschen, die dich in diesen Jahren versucht haben zu leiten. Siehe, was aus dem damaligen Menschen geworden ist.
Gehe nun bitte immer nur ein Jahr zurück und sieh, wie du ausgesehen hast, was dich bewegt hat. Fühle deine Gefühle nach. Lass deine Gedanken sich frei entfalten. Und lass dir Zeit dabei.

Du kommst nun deinem Kleinkindalter näher. Sieh das kleine Kind, das du warst. Sieh deine Unsicherheit im Umgang mit den Situationen in deinem Leben. Schau, wie du dich versuchst, an den Erwachsenen zu orientieren. Verstehen sie dich? Kannst du ihnen klarmachen, was du denkst oder was du erreichen möchtest? Hast du erkannt, dass etwas bei dir „falsch" sein muss?

Gehe nach und nach zu den nächsten Spiegeln und sieh dich immer kleiner werden, sieh deine Nöte, dich verständlich zu machen. Und erkenne die Verzweiflung in dir, die Angst davor zu versagen. Erkenne dich, so wie du damals gewesen bist. Warst du wirklich so, wie deine Mitmenschen dich gesehen haben? Welche Strukturen hast du aus deinen damaligen Erfahrungen aufgebaut?

Gehe nun zum letzten Spiegel, der an der rechten Seite des Eingangs zu diesem Raum steht. Sieh hinein und erkenne dich als gerade geborenes Wesen. Welche Erlebnisse hattest du in dieser Zeit? Wie hast du den Eintritt in die Welt, die Erde genannt wird, erfahren? Wie hast du dich gefühlt? Konntest du bereits denken oder wahrnehmen? Hattest du beim Eintritt in diese Welt noch Urvertrauen? Wusstest du, dass du gut aufgehoben bist?

Und jetzt sieh wieder in die Runde, in jeden Spiegel, und frage deine Innere Führung, wann du dich selbst verloren hast und wann du zu der Person geworden bist, die dich im ersten Spiegel angeschaut hat.
    Doch vielleicht bist du dir in den letzten Jahren ja wieder näher gekommen, dann schau in den zweiten Spiegel oder in den dritten usw. Wann hast du dich verloren?

Wenn du all die Fragen für dich geklärt hast, dir selbst vielleicht noch weitere gestellt hast und auch diese beantwortet sind, schau noch einmal in die Runde der Spiegel und erkenne, zu welchem

Zeitpunkt du begonnen hast, Menschen und Situationen zu verurteilen. Schau dir an, was vorher passiert ist. Und erkenne bitte, dass jedes Verurteilen, das du anderen angedeihen lässt, doch auch dir selbst gegenüber, aus einer Angst, abgelehnt zu werden, geboren ist.

Und jetzt sieh bitte in die Spiegel und schaue, wann du begonnen hast, das Wesen, zu dem du hättest werden wollen, in eine der hintersten Ecken in deinem Körpersystem zu verbannen.

Sieh dich so, wie du jetzt bist, wie du dich selbst als denjenigen, der du in deiner menschlichen Essenz bist, immer und immer wieder bestrafst, zurückweist und sogar manches Mal züchtigst. Sieh dir ehrlich dir selbst gegenüber an, was du dir angetan hast, und erkenne bitte, dass das die Unheimlichkeit ist, der du bei so vielen Situationen begegnen darfst und vor der du solche Angst hattest.

Bleib so lange dort, wie du magst. Dann hole dein Urselbst aus der dunklen Ecke und vergebt euch beide. Lasst rosa-goldenes Licht über euch fließen und spürt so lange in euch hinein, bis ihr Frieden empfindet.

Und nun besprecht, wie ihr, beide miteinander vereint, euren Traum des Lebens verwirklichen könnt.

Mit diesen Gedanken überlasse ich euch jetzt euch selbst und
Frieden sei mit euch!

Ich liebe euch

Vywamus

✳ ✳ ✳ ✳ ✳

Die Straße der Transformation
von Meister St. Germain

Seid mir von Herzen gegrüßt, ihr lieben göttlichen Kinder des Lichtes! Ich sehe, es geht einigen von euch nach der Meditation mit Vywamus besser, doch bei einigen scheint sich die Mauer ums Herz herum vehement zu weigern, zu bröckeln, geschweige denn einzureißen. Sie boykottiert!

Als ob sie ein eigenständiges Wesen wäre, vollbringt sie wahre Wunder an Handlungen, und dies scheinbar ohne euer Zutun. Jeder noch so feine Haarriss wird möglichst sofort wieder von ihr zuzementiert. Na, sie ist mit eurer Angst im Bunde, die ihr die Handlungen ermöglicht.

Da sich die Geschichte selbstverständlich im feinstofflichen Feld abspielt, fehlt den meisten von euch die Möglichkeit, dies zu sehen. Doch ihr könnt mir glauben, es spielt sich, bildlich gesehen, so ab. Und da es möglich ist, euer Herz einzumauern, so ist es ebenfalls möglich, die Mauer wieder abzutragen. Gestattet mir bitte den bildlichen Vergleich. Er ist so passend für eure Denkmuster.

Die Mauer findet sich auch im Außen eures Lebens an allen möglichen Stellen und aus allen möglichen Gründen. Ihr begrenzt zum Beispiel eure Grundstücke, aus lauter Angst davor, dass sich jemand dorthin verlaufen könnte oder dass ein Hund sich in eurem Garten tummelt, der zu anderen Menschen gehört. Doch ganz besonders große Angst habt ihr davor, dass sich der Nachbar ein Stückchen eures Grund und Bodens aneignen könnte. Beziehe ich das wiederum auf euer Herz, könnte die Frage auftauchen: Wem wollt ihr es verweigern? Oder auch: Vor wem habt ihr Angst, der euch das Herz brechen könnte?

Oh, wie schlecht denkt ihr euch eure Welt! Und indem ihr das tut, unterstützt ihr den schlechten Teil eurer Welt. Der allerdings sollte ja wohl auch eingegrenzt sein, oder habe ich die Menschen missverstanden? Und ob ihr nun Mauern oder Zäune zur Begrenzung einsetzt, ist ohne Bedeutung. Beide begrenzen! Könnte sich in euch auch etwas befinden, vor dem ihr euer Herz schützen möchtet?

Doch was die Mauer um euer Herz angeht, so möchte ich Folgendes dazu sagen: Ich liebe euch, die mit so vielen Widerständen ausgerüstet sind und doch immer wieder den Weg zu uns geistigen Lichtwesen suchen. Ich freue mich über jeden Stein, den wir bei euch der fest umschließenden Mauer eurer Herzen entreißen können. Ich weiß, es kostet euch viel Mühe, eurer Angst vor uns bei jeder Begegnung mit uns gegenüberstehen zu müssen, und doch, ihr schafft es ja. Seht doch einmal selbst. Ihr seid doch jetzt da. Das ist es, was zunächst einmal zählt. Dadurch gebt ihr euch immer wieder eine neue Chance, die Verbindung zwischen uns liebevoll wachsen zu lassen. Und ich weiß, dass ihr es schafft!

Was euch bisher noch abhält, ist Misstrauen und Angst vor imaginärer Bestrafung. Denn ihr fühlt euch bestrafungswürdig. Trotz aller gegenteiligen Botschaften fehlt euch das Vertrauen in eine straffreie Zukunft. Und gerade deshalb erkennen wir euer Bestreben, trotz all der, allerdings von euch selbst aufgebauten Hindernisse, immer wieder in die Lichtwelt einzutauchen, so hoch an.

Und nun zu euch, ihr lieben Menschenkinder, die vor Liebe und Sehnsucht nach den Lichtwelten und deren Bewohnern vergehen möchten. Ihr wisst wieder, dass wir euch sehr lieben. Ihr ahnt oder glaubt vielleicht schon wieder zu wissen, wie es sich mit all der Liebe hier bei uns anfühlt.

Es ist wunderschön hier, ja, das stimmt. Doch habt ihr vergessen, dass ihr auf der Erde weilt, weil ihr diese so herbeigesehnte Liebe dort etablieren wolltet? Dazu ist es notwendig, sie wahr leben zu können. Darum wolltet ihr die Sehnsucht nach ihr in den irdischen Ebenen spüren.

Diese Liebe müsst ihr jedoch zuerst einmal für euch selbst empfinden. Und dann seid ihr es, die uns helfen, den Eintritt in die irdischen Ebenen leicht zu machen. Wusstet ihr das auch? Wir lieben euch wirklich sehr!

Und dann seid noch ihr da, die in die Zwischenbereiche gehören. Und das sind die meisten von euch, meine lieben Gotteskinder. Ihr schwankt hin und her. Einige von euch analysieren so lange jedes Wort, das ihr in den Botschaften lest, bis ihr diese am liebsten zur Seite legen würdet, weil ihr das, was dort steht, ablehnen wollt. Es passt zu wenig in euer altes Weltbild. Und wenn ihr dies kippen müsstet, so würdet ihr ja den sicheren Boden, den ihr euch geschaffen habt – selbstverständlich meine ich den Gedankenboden –, verlassen müssen.

Ihr bekommt über die Vielfalt der Botschaften nur Unsicherheit beschert statt Sicherheit, statt eines genauen Wegplanes, dem ihr folgen könntet. Ihr zumindest braucht Sicherheit. Ihr braucht eine Bestätigung dafür, dass ihr auf dem rechten Wege zu eurem Ziel seid. Na, das seid ihr ja auch. Was spricht jedoch dagegen, dass ihr es auf eurem Weg mal mit einem anderen Denken versucht? Es ist wichtig geworden, liebe Menschen. Wichtiger, als es euch vielleicht im Moment zu sein scheint.

Euer Wegplan ist in eurem Seelenbereich zu finden. Wenn ihr ihn erkennen möchtet, verbindet euch mit eurer Seele, oder wenn es euch lieber oder vertrauter ist, mit eurer Inneren Führung. Seid ihr wirklich willens, ihn kennen zu wollen, so bekommt ihr die Antwort. Doch es ist an euch, den Weg ans Ende eures Lebensplanes dann auch zu finden und vor allen Dingen auch zu gehen. Das, was ihr zu wissen bekommt, gleicht einem Gerüst, das ihr selbst zu einem vollständigen Ganzen ausbauen dürft.

Theorie, die Botschaften ja letztendlich sind, zu kennen, ist die eine Sache, doch die Praxis dazu ist eine andere. Sie ist spannender und unausweichlich. Ist sie es, die euch Angst macht?

Sind es die Gefühle, die euch aus der Vergangenheit einholen könnten, die euch Angst machen, und habt ihr deshalb noch immer euer Herz verschlossen?

Vielleicht denkt ihr darüber noch einmal nach. Doch achtet dabei bitte auf eure Gefühle. Sie signalisieren euch die Wahrheit über euch, doch auch die Angst vor euch selbst. Ein Gefühl, das euch ein gutes Gefühl gibt, hat immer recht. Und wenn das Gefühl sich auch am nächsten Tag noch so gut anfühlt, erst recht.

Und ihr anderen Leser, die vergeblich die Kategorie suchen, in die ihr euch einordnen mögt, seid euch ebenfalls gewiss, dass wir euch kennen und ebenso eure Bedürfnisse. Wir lieben euch alle sehr!

Ihr dürft nun jedoch ein passendes Schema für euch selbst erschaffen. Wo könntet ihr wohl hineinpassen? Die Seiten im Buch sind begrenzt, so ist es nur möglich, eine Auswahl zu treffen unter all den Kategorien der Möglichkeiten. Und so geht es uns eben immer, denn ihr seid nun mal alle unterschiedlich strukturiert, auch wenn sich diese öfters überschneiden.

Doch vielleicht glaubt ihr ja, dass uns Beschäftigung fehlt. Und dass wir dies alles aus Zeitvertreib veranstalten. Weit gefehlt. Mit zunehmender Entwicklung eures Bewusstseins werdet ihr auch immer hellsichtiger, und dann könnt ihr selbst mal in das hineinschauen, was bald auf euch zukommt. Viele, viele wunderschöne Aufgaben werden dies sein. Damit auch die Ergebnisse wunderschön werden, bleibt dran, liebe Gotteskinder.

Ihr seht, ich habe Vertrauen zu euch. Doch weiß ich auch, dass noch einiges Gedankengut in die Müllcontainer gehört. Und darum arbeite ich mit jedem Einzelnen daran, dieses Gedankengut zu transformieren. Und ebenso, ihm klarzumachen, weshalb er überhaupt so viel Müll angesammelt hat. Das ist eine der vielseitigen Aufgaben des Meisters der Transformation.

Ihr alle habt euren Mut bewiesen, allein schon dadurch, dass ihr dem Erdenplaneten bei seinem Aufstieg helfen wollt. Und dazu seid ihr bereits in anderen Inkarnationen hier gewesen. Und jetzt, sozusagen kurz vor dem Ziel, holt euch alles wieder ein, das ihr längst hinter euch gelassen zu haben glaubtet.

Bereinigt es und alles ist gut. Danach erhebt ihr euch, bildlich gesehen, wie der Phönix aus der Asche. Seid ihr klar in eurem Inneren, so gebt ihr die Klarheit an die Erde weiter. Nehmt dazu all die Reste eures Mutes zusammen, verbindet euch mental mit Gleichgesinnten und der Erde und auch mit uns, und ihr werdet es schaffen. Das ist auch einer der Wege der Transformation.

In allem steckt Verbundenheit. Erkennt die Kette der Ereignisse und die Kette der Zufälle und all die Ketten, die uns alle miteinander verbinden, bis hin zu unserer Quelle der Göttlichkeit.

Doch paradoxerweise versucht der Mensch, sich immer wieder von der Kette zu befreien. Scheinbar gelingt es ihm ja auch oft. Doch das nur deshalb, weil er eben Getrenntheit erfahren möchte. Denkt dieser Mensch einmal tiefer über sich und sein Leben nach, so erkennt er wieder einige der Kettenglieder.

Habe ich jetzt eventuell einige Ehen gerettet?

Ich habe euch nun mitgeteilt, dass wir alle immerzu verbunden sind. Doch wer will, darf seine Ketten auch ruhig weiter sprengen. Er kann sich dann nach seinen Vorstellungen ausdehnen, meinetwegen in seiner Vorstellung auch grenzenlos. Manchmal tut es richtig gut, sich in alle Richtungen ausdehnen zu können. Doch was findet ihr danach – richtig, wieder Verbundenheit.

Dort hineinzuspüren, würde jedoch die Erfahrung der Getrenntheit beenden, denn wer diese Versuche gemacht hat und dann schließlich die Verbundenheit wieder erkennt, wird sie in jedem Falle immer der Getrenntheit vorziehen. Dieser Mensch ist am Ende seiner Leidensgeschichte. Er hat erkannt, dass er sich trotz Verbundenheit in alle Richtungen so weit ausdehnen kann, wie er will. Wir alle sind grenzenlos miteinander verbunden. Ja, was stellt man sich als Mensch dazu vor? Vielleicht macht es euch Spaß, darüber nachzudenken. Jedes Universum gebiert ein weiteres –, usw. Wieder kann man die Kette erkennen! Und ebenso sind wir auch allesamt mit der Welt der dunklen Mächte verbunden. Was sollte es zum jetzigen Zeitpunkt noch bringen, dies auch weiterhin zu verdrängen oder zu ignorieren? Es ist Zeit, in uns das zu erhellen, was die Verbundenheit mit diesen Mächten uns über uns selbst sagen will. Dadurch geben wir auch ihnen die Chance, ihre Sicht der Lichtwelt zu verändern und eines Tages ihre Dunkelheit und Kälte in Licht und Wärme umwandeln zu können. Dann ist jedoch auch die Zeit der Transformation vorüber und damit meine diesbezügliche Aufgabe beendet. Gefallen euch diese Zukunftsaussichten?

Ich freue mich, in diesem Buch ebenfalls etwas zu eurer geistigen Entwicklung beisteuern zu dürfen. Und ich werde euch das mitteilen, was Vywamus bereits angekündigt hat und was er in seinem Beitrag ausgelassen hat, weil er damit in den Bereich meiner Aufgaben eingedrungen wäre. Wir geistigen Wesen achten uns eben in allem. Doch ich hätte ihm schon vergeben können, wenn er euch einiges aus meinem Aufgabenbetätigungsfeld mitgeteilt hätte.

Ich hoffe, ihr erkennt den Spaß hinter meiner Aussage, und ich hoffe, ihr lest nun das, was ich euch erzähle, mit der Lockerheit, die ich versuche einzubringen. Außer dass ich euch hin und wieder streng und eindringlich auf vieles hinweise, kann ich auch der lockere Typ sein, der Lustigkeit und viel Freude verbreiten kann.

Doch diese Seite von mir war bei den Menschen bisher weniger gefragt. Denn wer sich schuldig fühlt und diese Last mit sich herumträgt, der verdient alles, außer Liebe und Freude. Und da ist ein Spaßvogel fehl am Platze. Doch ich denke, dass zu dem brisanten Hauptthema dieses Buches ein bisschen Lockerheit dazu gehört. Ihr stürzt mir sonst womöglich wieder ab, was vielleicht unverzeihlich wäre.

Bedenkt bitte, dass das, was jetzt auf euch zugekommen ist, die Konsequenz dessen ist, was die Menschen an Situationen geschaffen haben, durch welche Tat auch immer. Die Taten sind unwichtig geworden, was zu tun bleibt, ist, für ein akzeptables

Transformieren zu sorgen, das sowohl den Menschen wie auch den Geistmächten der dunklen Welt Auswege aus dem Dilemma zeigt. Und dazu arbeiten nun die Lichtwesen in jeder erdenklichen Form zusammen.

Bitte öffnet euch nun ganz für meine mir eigene Energie.

Die Straße der Transformation bringt jeden, der sie betritt, dazu, sich wieder zu erinnern. Hier geht der Mensch zurück, wenn er die Erde auf der Straße des Vergessens betreten hat und dann, wenn er bereit ist, seine vergessenen Teile, ob Wesensanteile, Gedanken, Strukturen, Verbindungen und all das, was ihn ausmacht, wieder ins Bewusstsein aufzunehmen.

Durch die Meditation im vorigen Kapitel sind ja fast alle, die sie gemacht oder auch nur gelesen haben, ihrer wahren Identität wieder auf die Spur oder zumindest einen oder einige Schritte näher gekommen.

Wie fühlt ihr euch jetzt eigentlich?

Transformation bedeutet zunächst einmal, dass sich danach jeder von euch über sich selbst im Klaren sein wird. Und um die Klarheit, die bisher erreicht wurde, zu halten, ist es wichtig, immer wieder zu überprüfen, wie man sich fühlt. Durch innere Einkehr gewinnt der Mensch durchaus Klarheit, und zwar über alles, was ihn bewegt, ihr wundervollen Gotteskinder!

Ich möchte euch in diesem Buch über einiges, das ihr persönlich über euch wissen solltet, informieren, denn über das Weltgeschehen habe ich auch in anderen Büchern gesprochen.

Das, was ihr alle bisher viel zu wenig beachtet habt, sind tatsächlich, wie auch Vywamus bereits erwähnt hat, eure manifestierenden Gedanken.

Ihr fühlt euch jetzt schuldig? Warum?

Warum, glaubt ihr denn, sind so viele Wesen der lichten Welten zu euch auf die Erde gekommen, teilweise auch in physischen Körpern? Nun, auf jeden Fall doch auch deshalb, weil wir euch die Erinnerung zurückgeben, die euch erkennen lässt, mit welchen Gedanken ihr die Gewalt auf der Erde unterstützt und damit den irdischen Frieden verhindert. Wir sind hier, um euch klarzumachen, wie ihr die Macht der dunklen Kräfte unterstützt. Dies betrifft immer noch die meisten Menschen – auch die meisten von euch, meine geliebten Gotteskinder.

Seht, warum erreichen euch all die Botschaften? Doch darum, dass ihr endlich den Mut aufbringt, euch ganz anzunehmen und somit den unterdrückten Teilen von euch selbst zur Transformation zu verhelfen. Ihr lebt in der Zeit der Transformation. Was glaubt ihr denn, was da mit euch geschieht? Glaubt ihr, dass ihr, ohne euch selbst zu analysieren, transformiert werdet? Was ist denn Transformation? Richtig, Bewusstmachung!

Was nutzt euch die ganze Bewusstmachung, die wir euch schenken, ohne dass ihr selbst sie in eurem Inneren erkennt? Erkennt euch selbst mit all dem, was zu euch gehört – und bitte, ohne Scham. Das ist das Ziel, welches zuerst einmal alle Wesen aus den Lichtwelten verfolgen.

Ihr könnt das eine glauben oder das andere, was euch gesagt wird. Doch ohne die entsprechende Resonanz in eurem Innern dürfte die Absicht zwar gut gemeint sein, doch das Ergebnis ohne Wirkung bleiben. Und so sehe ich eure Entwicklung in vielen Bereichen. Ihr tastet euch langsam voran, sicher. Doch ist das letztendlich genug, um das, was erreicht werden soll, schnellstmöglich zu erreichen?

Das Jahr 2012 steht vor der Tür und damit die Zeit, in der ihr wieder so weit bewusst sein wolltet, dass ihr die neue Energie auch halten könnt. Dazu gehört einfach Klarheit und möglichst viel erwachte Bewusstheit. Und die Herzöffnung!

Die Straße der Transformation ist ein reiner Energiestrahl, der durch die Farbe violett zu seiner Aufgabe erwacht ist. Diese Straße hat wenig Ähnlichkeit mit der Straße des Vergessens. Weder habt ihr sie gedanklich erbaut, noch ist sie als manifestierte Einrichtung in euren Köpfen vorhanden.

Sie wirkt allein durch ihre Kraft, bei der alles, was je vergessen ward, jedem Einzelnen wieder bewusst gemacht wird. Sie ist ein gigantisch breiter und tiefer Energiestrahl, der zwar an der Seite der Straße des Vergessens existiert, sich jedoch auch überallhin bewegen, also ausdehnen kann. Das heißt, denkt ihr in eurem jetzigen Dasein an ihn, so wird er in und um euch präsent. Ihr könnt jederzeit mit ihm Verbindung bekommen und ihn bitten, das, was an die Oberfläche eures Bewusstseinsfeldes kommen möchte, zu transformieren. Diese Straße ist der Violette Strahl, auf dem und mit dem ich wirke.

In der folgenden Meditation erfahrt ihr mehr dazu, allerdings weniger Theorie als Praxis.

Die Gründe, warum ihr das Vergessen gewählt habt, hat Vywamus euch bereits sehr ausführlich erklärt, doch eines ist dazu schon noch zu bemerken. Und das ist, dass ihr auch vergessen wolltet, wie schlecht ihr euch mit all den Schuldgedanken aus längst vergangenen Leben fühlen würdet. Diese Last bewusst zu tragen, schien euch zu schwer zu sein.

Denn in einer bewussten Inkarnation, bezogen auf die karmischen Erlebnisse, würde euch alles, was euch begegnet, daran erinnern. Ihr konntet euch kaum vorstellen, dass ihr mit diesen Erfahrungen, die euch immer sofort präsent sein würden, euren Lebensplan, der euch immerhin die Möglichkeiten offen lässt, andere Erfahrungen als die bereits erlebten zu machen, würdet frei gestalten können.

So habt ihr eben beschlossen, zunächst ohne Erinnerung ins neue Leben zu gehen. In den ersten Lebensjahren, also zu Beginn eurer Inkarnation, sind diese Gefühle bei vielen Menschen fast verschwunden. Doch sie werden sie aus ihrem Unbewussten immer wieder erreichen. Dies geschieht zwar erst nach und nach. Und sie werden sie durch die Erlebnisse, die sie auf ihrem Weg haben werden, wieder lebendig und heftiger erleben als zuvor. Doch dann verbindet der Mensch sie mit den Lebenssituationen, die ihm im jetzigen Leben widerfahren sind. Und so bauen die Menschen sie fröhlich oder weniger fröhlich weiter und setzen sie wie Bausteine einen auf den anderen, weil sie immer noch im Vergessen befangen sind. Doch zum Schluss, dann, wenn sie genug davon haben, wollen sie alles wieder loswerden. Und das ist gut so. Es befreit!

Wenn man darüber nachdenkt, es ist schon ein interessantes Spiel, das ihr dort spielt. Ich ergebe mich in eure Spielregeln. Ich freue mich sogar darüber. Denn es ist schön für mich, zu sehen, wie jeder einzelne Mensch sich wieder zu dem Wesen zurückentwickelt, das es vor der Inkarnationsgeschichte war – mit voller Bewusstheit das Lichtwesen, von dem ihr glaubt, es erst nach den bestandenen Prüfungen sein zu können, die ihr euch bereits in unseren Welten und dann, mehr ausgefeilt, auf der Erde kreiert habt.

Verständlich ist es schon, dass ihr vergessen wolltet, um das weiße Blatt neu beschreiben zu können. Denn Schuldgefühle können so vieles bei euch bewirken. Als Beispiel erwähne ich dazu den Rücken des Menschen, die Wirbelsäule, die von all der vermeintlichen Schuld gebeugt wird. Wie viele Lichtarbeiter haben Rückenprobleme! Sie verschwinden, sobald ihr euch den Schuldgefühlen stellt, ihre Resonanz überprüft und sie mit dem Wissen darum, dass sie fast immer karmischen Ursprungs sind, auflöst. Ja, das könnt ihr doch mittlerweile. Es sind genug Menschen unter euch, die euch dabei unterstützen können. Doch auch ihr selbst seid in der Lage, in Verbindung mit eurer Inneren Führung der Sache auf den Grund zu gehen.

Das Einzige, was ihr dazu benötigt, ist, ein anderes Täter-Opfer-Denken anzunehmen.

Dass auch ich davon spreche, hat seinen Grund. Denn ich sehe, dass trotz all der Hilfen, die auch ich euch gegeben habe, die meisten von euch immer wieder in ihre altvertrauten Muster zurückfallen, was in erster Linie das Denken betrifft. Und dann kommen die automatisierten Handlungen dazu.

Ihr wollt eine neue Welt – gut so. Doch tragt bitte dazu bei, dass auch ihr euch erneuert – in eurem Denken. Darauf erfolgen dann auch Taten, die neu erglänzen. Selbst wenn ihr euren Haushalt und all die Gegenstände in ihm reinigt, können außer den Gegenständen auch die Taten in neuem Glanz erstrahlen. Es ist eine Denkgeschichte.

Seid in diesen Momenten, in denen ihr reinigt, einmal dankbar für das, was ihr euer Eigentum nennt. Und schon könnt ihr auch das Strahlen rund um euch herum sehen.

Ich möchte jetzt auf die Gedanken zu sprechen kommen, die im wahrsten Sinne intergalaktische Kriege unterstützen. Doch dazu solltet ihr erst einmal an die Kriege vor eurer eigenen Haustüre denken.

Wie sehen die Gedanken aus, die euren Nachbarn betreffen? Denkt bitte daran, dass er sie auf jeden Fall erfährt. Wie geht ihr mit eurer Familie um? Habt ihr vor allen Mitgliedern Achtung? Und jetzt spannt den Bogen zu all den Menschen, mit denen ihr zu tun habt. Wie seht ihr sie? Könnt ihr euch vorstellen, dass ihr alle miteinander in Frieden leben werdet, oder ist da der eine oder andere, den ihr am liebsten aus eurem Leben entfernen möchtet? Gesteht es euch ein, es gibt Menschen um euch herum, die ihr hin und wieder auf den Blocksberg wünscht.

Der Frieden in euch und um euch herum kann nur dann wirklich Bestand haben, wenn ihr selbst mit euch im Reinen seid. Und da komme ich auf euer Selbstwertgefühl zu sprechen. Welcher Mensch hat ein ausgeprägtes, gut gefestigtes Selbstwertgefühl? Gehörst du zu diesen Menschen?

Sei bitte ehrlich zu dir und beantworte dir die Frage. Was tust du noch, um anderen zu gefallen, um das liebe Kind zu sein, von dem du glaubst, dass du dem lieben Gott nur so gefallen kannst?

Doch jetzt schau auch, was du dazu tust, um das böse Kind zu sein, das dem lieben Gott doch mit Sicherheit missfallen muss. Wie oft bist du noch gereizt, wie oft ungnädig zu dir selbst? Ja, auch ich habe Fragen über Fragen an dich, deren Antworten nur du dir selbst geben kannst. In der Beantwortung der Fragen zeigt sich auch das Ausmaß der Ehrlichkeit dir selbst gegenüber.

Ich kenne die Antworten, also erkenne du bitte, dass ich sie dir lediglich gestellt habe, um dir etwas über dich bewusst zu machen.

Einige der Lichtarbeiter haben etwas ganz Wunderschönes für sich entdeckt. Ich muss es einfach ansprechen, denn dies ist ein Weg, um vor der Verantwortung davonzulaufen. Er bringt ihnen selbst ein wenig scheinbaren Frieden, dem Ganzen schadet es allerdings. Denn mit dieser Einstellung produzieren diejenigen, die sich dabei zunächst scheinbar wohlfühlen, eine ganze Serie von Ereignissen, die ihnen völlig unbewusst sind.

Jeder Lichtarbeiter, der eine gewisse Entwicklung zur Erleuchtung anstrebt, gerät zu irgendeinem Zeitpunkt auf einen sehr schmalen Grat, den er entlang wandern darf. Und viele andere Menschen folgen ihm bis kurz, bevor der Grat beginnt. Nun zeigt sich, wer die Gratwanderung bewältigt, ohne zu straucheln, oder wer noch immer wieder abstürzt.

Was will ich damit sagen?

Wer sich auf den Grat hinaufschwingt und von dort oben auf seine Mitschwestern und Mitbrüder hinabsieht, sie sich selbst überlassen will, ohne ein tief aus dem Herzen kommendes Mitgefühl für sie, der bewirkt mit seiner Gratwanderung Abweisung, und diese wird ihn auf jeden Fall immer wieder nach unten zu seinen Mitmenschen ziehen. Und dies so lange, bis er erkannt hat, dass er trotz seines erreichten Grades der Spiritualität noch zu lernen hat, dass auch Menschen, die in anderen Schwingungsebenen weilen, Gottes Geschöpfe sind und dafür da sind, den Gratwanderern zu mehr Sicherheit auf ihrem Weg zu verhelfen. Sie würden auch gerne mit ihnen auf dem Grat wandern, deshalb schenkt ihnen euer Mitgefühl. Ein Abwenden von ihnen bewirkt eben das, was ich jetzt anspreche. Die Gratwanderer haben sich in einem solchen Falle selbst den legendären Heiligenschein aufgesetzt. Glaubt mir, solange ihr euch so verhaltet, solange wird es kaum Gemeinschaft geben können. Gemeinschaft sollte jedes der Mitglieder so annehmen, wie es ist, und das aus ganzem Herzen. Indem ihr euch abwendet, euch weigert, in die niedrigere Schwingungsebene hinabzusteigen, sagt ihr eurem Zellensystem, dass ihr vor der niedrigeren Schwingungsebene Angst habt und glaubt, dass euch dadurch Energie abgesaugt wird. Doch wie kann das einem

Menschen passieren, der mit Licht angefüllt ist? Wo ist das Vertrauen in diesen Fällen? Jeder Gratwanderer weiß doch, dass er gehalten wird. Bitte hinterfragt euch noch einmal, ob ihr dies nur theoretisch glaubt oder ob euer Glaube wirklich gefestigt ist.

Führen wir uns als Beispiel einmal einen Menschen vor Augen, den ihr wohl alle zumindest durchs Fernsehen kennt. Ich spreche von Mutter Theresa, die in den Slums in die niedrigsten Schwingungsebenen gegangen ist, denn an diesen Orten herrscht so viel innere Wut in den Menschen, dass sie kaum noch tiefer fallen können. Glaubt ihr, Mutter Theresa hat sich Energie absaugen lassen? Oder könnte es vielmehr sein, dass sie diese freiwillig an die Menschen verteilt hat? Liebe gebiert fortwährend neue Energie. Macht euch das bitte immer wieder bewusst.

Was bewirkt die zuvor erwähnte Tat der Gratwanderer bei euren Mitmenschen, die erst noch so weit kommen möchten? Die Gedanken derjenigen, die zunächst sozusagen auf der Strecke bleiben, richten sich gegen den Gipfelstürmer und bewirken den schnellen Fall. Das wiederum bewirkt, dass dieser ebenfalls in die Schwingungen zurückfällt, denen er schon entronnen zu sein glaubte.

Liebe Wunderkinder der Liebe, seid euch gewiss, ohne echtes Mitgefühl für die anderen Menschen setzt ihr euch über sie und macht sie klein. Auch wenn euch dies nur ganz selten bewusst ist. Und die kleingemachten Menschen entwickeln einen starken Groll. Die dunklen Gedanken verselbständigen sich und gehen genau dorthin, wohin ihr sie bewusst als letztes schicken würdet. Ja, zu den dunklen Mächten, die nach ihnen greifen, wie es euch in Vampirfilmen gezeigt wird. Sie saugen sie förmlich auf.

Um diesem Kreislauf zu entgehen, bleibt lieber so lange in den Schwingungen, die euch zwar scheinbar Unfrieden von euren Mitmenschen spiegeln, jedoch nur so lange, bis ihr selbst erkannt habt, warum euch das Spiegelbild trifft. Und bedenkt bitte auch immer, jede Zurückweisung, alles, was ihr anderen antut, auch in Gedanken, das begegnet euch wieder. Ob dies nun geschieht, indem ein anderer Mensch euch mit gleicher Waffe schlägt oder ob es derselbe ist, dem ihr eine Wunde zugefügt habt. Das karmische Gesetz sorgt immer für Ausgleich.

Solange ihr euch dem zu entziehen sucht, indem ihr in euch einen scheinbaren Frieden kreiert, solange verhindert ihr den wahren Frieden in euch und ebenso bei euren Mitmenschen.

Es wurde euch immer wieder gesagt, habt ihr erst Frieden in euch selbst erreicht, so strahlt dieser auch in eure Umgebung aus. Das ist richtig. Doch es ist der Frieden gemeint, der auch wirkliches Mitgefühl für andere Lebewesen hervorbringen kann. Der ein weites Herz besitzt und alles von Herzen lieben kann.

Ihr versucht oft, diesen Frieden künstlich zu erzeugen. Doch wessen Herz kann man belügen? Auch Affirmationen, dass ihr Segen austeilt, ohne es wirklich so zu meinen, und bei dem eure tiefe Verletztheit noch nachwirkt, bringen die anderen Menschen, denen ihr den Segen erteilt habt, gegen euch auf. Bedenkt dies bitte.

Segnet euch in diesem Falle lieber selbst und die Situation, und dann gebt euch mitsamt der Situation in die göttlichen Hände dessen, der euch aus der geistigen Welt am nächsten steht. Sollte ich derjenige sein, so bittet zusätzlich um die Violette Flamme der Transformation, damit ihr zumindest für die Situation Erleuchtung erfahrt. Doch bedenkt auch, dass euch, einmal Ja gesagt, jedes Zurückschrecken vor der Wahrheit zurückwirft. Prüft darum genau, ob ihr sie auch wirklich wissen wollt. Also seid ehrlich zu euch.

Die dunklen Kräfte nähren sich von euren dunklen Gedanken. Sie sind ausgesprochen eifersüchtig auf alles, was Licht ist, und bestrebt, all die niedrig schwingenden Gefühle bei euch aktiv zu erhalten. Ihnen sind eure karmischen Verstrickungen ebenfalls bekannt. Und so wenden sie die Möglichkeiten an, die diese bieten, um weitere Nahrung für sich zu produzieren. Und sie werden noch immer gut von euch genährt.

Doch nachdem ihr das Buch zu Ende gelesen habt, werdet ihr weder ein schlechtes Gewissen noch Schuldgefühle verspüren, sondern Liebe in reiner Form wird sich in euch ausbreiten. So denke ich, dass dann auch das letzte bisschen Angst vor den dunklen Mächten aus euch verschwunden ist. Denn bisher habt ihr ihnen ebenfalls mit der Angst vor ihnen gedient, die sich jedoch in den nächsten Seiten auflösen wird. Denn die Angst ist die Angst vor den Untiefen in euch selbst. Seid euch des Lichtes in euch bewusst, entwickelt Mitgefühl für all das, was ihr glaubt, angestellt zu haben. Ihr werdet geliebt für all das, was ihr angestellt habt. Sucht nach den Gründen, warum ihr das „Verurteilenswerte" angestellt habt.

Viele Menschen warten auf die Strafe Gottes, der immer und ewig ein Gott sein wird, der die Liebe vor Bestrafung setzt. Denn er hat für alles Verständnis. So strebt ihm nach und ihr werdet seine große Liebe erfahren. Ihr dürft zu seiner Liebe nach Hause zurückkehren, nachdem ihr die jetzige Inkarnation beendet habt und euch von den Stricken der Karmageschichten gelöst habt.

Ich möchte euch auch etwas von den Menschen erzählen, die vollkommen bewusst, also mit einem wachen Bewusstsein zur Erde kommen. Und es sind auch einige unter euch, die teilweise bewusst waren, als sie die Erde betreten haben. Dann gibt es ebenfalls Menschen, die bis zu ihrem sechsten bis neunten Lebensjahr sehr bewusst sind. Sie sind wirklich während dieser Zeit in der Lage, die Mitmenschen zu durchschauen, und zwar in fast allem, was sie vorleben.

Doch selten durften diese Kinder bis vor einiger Zeit Stellung dazu nehmen. Sie mussten ihr Wissen verstecken. Und jetzt, in der Neuen Zeit, die allerdings bereits in den letzten Jahrzehnten des alten Jahrhunderts begonnen hat, dürfen sie Stellung nehmen. Anders als ihr es euch vorgestellt habt oder vorstellt.

Sie überhäufen euch mit euren ausgesendeten Strukturen. Sie konfrontieren euch mit ihnen, immer und immer wieder. Sie müssen euch auf diese Weise zeigen, was bei euch selbst im Argen liegt.

Schwere menschliche Schicksale haben sie zu leben. Denn es sind immer noch zu viele Menschen da, die glauben, dass diese Kinder behindert sind oder zumindest so von der Norm abweichen, dass sie als behindert gelten können und Sonderbehandlungen benötigen, die ihnen dann helfen sollen, der Norm angepasst zu werden.

Dann sind da die Kinder, die ihre Eltern permanent herausfordern. Sie lassen sich Dinge einfallen, die es ihren Eltern äußerst schwer machen, sich in ihnen wiederzuerkennen. Die Kinder der Neuen Zeit sind hier gemeint. Immerhin schaffen sie es, dass die Weltordnung schon heftig ins Wanken gerät. Es ist interessant, wie die Erzieher im engsten und auch im weitesten Umfeld damit umgehen – von neuartigen Tabletten, die im Übrigen gut versteckte Drogen sind, die auch hallozigene Bilder erzeugen können, bis hin zu neuartigen Erziehungsmethoden. Ihr werdet fast alle mit diesen Kindern konfrontiert, die euch zeigen möchten, dass sie in ihrer eigenen Art geachtet werden wollen, und die dazu beitragen, dass immer mehr Menschen sich ihrer eigenen Wahrheit über sich selbst zu stellen beginnen. Fehlt euch als Erwachsener die Motivation, sie zu achten, weil ihr vielleicht zu wenig Hintergrund erkennt, schaut einmal, ob ihr euch und die anderen Menschen – zum Beispiel eure Eltern – achtet. Wie geht ihr mit ihnen um? Bleibt ehrlich zu euch.

Doch es sind auch einige der neuen Kinder da, die Brutalität in sehr ausgeprägter Weise zu leben haben. Scheinbar unterstützen diese die dunklen Mächte. Doch gerade diese Kinder sind bei euch, um die Linie der Gewalt, die sehr fest in der Gedankenwelt ihrer gesamten Familie und der Ahnenreihe vorhanden ist, an die Oberfläche zu ziehen. Ihnen ist hier eine besonders schwere Aufgabe zugefallen, der sie allerdings mit großer Freude und Liebe zugestimmt haben. Auch sie sind mit all dem ausgerüstet, was sie ihre Aufgabe bewältigen lässt. Und bei diesen Kindern ist die Verbindung zur Lichtwelt sehr eng.

Wie kommen diese bewussten Wesenheiten zur Erde?

Sie sind Lichtfunken, die eine Geschwindigkeit entwickeln können, deren Berechnung die menschlichen Wissenschaftler noch erkennen müssen. Sie können alle Hindernisse überwinden, und sie haben sich mit dieser Geschwindigkeit aus ihrer Heimat auf den Erdplaneten begeben, um direkt vor der Geburt in den Körper der Mutter, in den vorbereiteten Körper des Wesens, was zur Welt kommen möchte, einzuziehen. Aufgrund ihrer Aufgabe ist es in solchen Fällen überflüssig, zunächst die Straße des Vergessens zu wählen. Doch ihre Eltern und natürlich die Generationen davor haben sie gewählt. Das große Vergessen.

Die neuen Kinder bleiben meist voll bewusst. Sollten sie mit der Zeit ihre Anbindung aus dem täglichen Leben ausschließen müssen, so tun sie dies, weil sie erkennen, das mindestens einer der Elternteile zu große Angst davor hat, wirklich aufzuwachen. Diese Angst würde dem Kind ein noch schwereres Leben bescheren, und darum besteht die Möglichkeit, auch hier das Vergessen zu wählen. Jetzt jedoch ohne die Straße zu benutzen. Denn hier arbeitet der Verdrängungsmechanismus direkt im physischen Körper. Trotzdem hält der kleine Mensch, der langsam erwachsen wird, Ausschau nach Situationen, in denen er sich wieder so zeigen darf, wie er es seiner Essenz nach ist. Selbstverständlich geschieht dies unbewusst, doch trotzdem sehr wirkungsvoll. Und allzuoft muss der kleine Mensch sich mit einer Krankheit belasten, um sein Ziel erreichen zu können.

Doch nun genug der Worte. In der folgenden Meditation bringe ich euch in den Zustand, den Transformation hervorruft und schließlich hinterlässt. Das sollte die gesamte Entwicklung auf der Erde und vor allen Dingen bei den Menschen mit hoher Geschwindigkeit ankurbeln.

Und vielleicht verhindert es auch bei einigen Menschen, dass sie sich erst einer Krankheit ergeben müssen.

Nehmt meinen Segen und meine Begleitung für eure Entwicklung an.

Ihr seid grenzenlos von mir geliebt

Euer *Meister St. Germain*

Meditation mit Meister St. Germain

Dies ist eine Meditation ohne viele Worte. Die Violette Flamme wird euch reinigen.
　Ich bitte euch, einfach geschehen zu lassen.

Bereitet euch für die Begegnung vor, indem ihr das tut, was ihr als Vorbereitung sonst ebenfalls tut. Und dann macht es euch bequem.

Stellt euch nun vor, dass ich vor euch stehe, allerdings vor jedem Einzelnen von euch. Jeder darf sich nun getrennt vom anderen sehen.
　Hinter mir befindet sich der Violette Strahl und hüllt mich in sein Licht ein. Dieses Licht dehnt sich nun aus und umfasst eure physische Gestalt bis in die äußersten feinstofflichen Regionen eures Körpersystems.
　Bleibt in diesem Licht, so lange wie ihr es aushalten könnt. Beobachtet, welche Gedanken euch im Kopf herumgehen, doch vermeidet, ihnen zu sehr zu folgen. Die Analyse eurer Gedanken mache im Anschluss an die Meditation mit jedem Einzelnen von euch. Bleibt also, wenn sich die Violette Flamme zurückzieht, auch weiterhin in der Meditation, um mir die Möglichkeit zu geben, mit euch zu analysieren.

Ich freue mich darauf.
So bin ich in ewiger Liebe zu euch

Euer *Meister St. Germain*

Thoth, euer alter atlantischer Lehrer

Ich begrüße euch, meine ehemaligen Schülerinnen und Schüler. Erlaubt ihr mir, die Tradition des Begrüßungsrituals aus Lemuria fortzusetzen? Dazu nehme ich euer Gesicht in meine Hände und küsse euch auf das Dritte Auge, und danach lege ich meine linke Hand auf das Herz desjenigen, den ich begrüßen möchte.

Der Kuss sollte euch traditionsgemäß immer mehr Erweiterung der Erkenntnis schenken, die ihr bisher erreicht habt, und damit auch die Weisheit, dass es immer noch mehr gibt, als ihr bisher erfassen konntet. Für die Wesen der damaligen Zeiten war das Begrüßungsritual eine heilige Handlung, die ihnen Frieden gespendet hat. Vielleicht könnt ihr ja auch jetzt etwas davon spüren?

Berührungsängste, was die Körperlichkeit betraf, waren uns damals unbekannt. So war den damaligen Frauen die Berührung ihrer Brust angenehm, ohne dass das in ihnen Gedanken an Sexualität hervorrief. Diese einfache Geste erhöhte die Schwingungen der Begrüßenden ebenso wie die der Begrüßten. Ist es da ein Wunder, dass man diese Tradition als heilig empfand und deshalb immer wieder angewandt hat?

Diese Tradition wurde auch auf den irdischen Ebenen fortgesetzt, von uns, den Lemuriern auf Atlantis, und in vielen irdischen Kulturen, wo sie ebenfalls bekannt war. Die Menschen aus alten Zeiten wussten um die tiefe Bedeutung der Gesten, sowohl auf physischer als auch auf den feinstofflichen Ebenen.

Auch Jesus und seine Anhänger begrüßten ihre Freunde mit dem Kuss aufs Dritte Auge. Erst später, als die Christen begannen, anders denkende Menschen als heidnisch zu betrachten, und sich Verachtung, oftmals unter dem Deckmäntelchen des Mitgefühls versteckt, in ihrem Denken breit gemacht hatte, wurde auch der Kuss der Segnung von ihnen als heidnisch abgetan. Und noch später, als Jesus längst seinen irdischen Tod am Kreuz erfahren hatte, wurde die Segnung mit dem Kreuzzeichen eingeführt und bis heute fortgesetzt. Es sollte zu Anfang sicher eine Geste der Solidarität mit Jesus sein.

Doch den meisten Menschen damals war unbekannt, dass das Kreuz bei der Segnung aufs Dritte Auge in den meisten Fällen dazu verhalf, das Dritte Auge zu verschließen, während der Kuss es geöffnet hat. Das Kreuz bei der Segnung nachzuzeichnen, sollte den Menschen jedoch auch immer wieder bewusst machen, dass Gott den Menschen vergibt. Zumindest diese Absicht hatten diejenigen, die damit begonnen haben, sie zu verbreiten.

Doch das setzt ja voraus, dass jeder Mensch schuldig ist!

Ja, ja, ich weiß von dem Märchen der Erbsünde. Es ist die lange Kette der karmischen Unausgeglichenheiten, die hiermit gemeint ist. Und diese „Schuld" dürft ihr zunächst einmal euch selbst vergeben. Und es wäre für die Entwicklung der gesamten Menschheit sehr von Vorteil, wenn dies sehr bald geschehen würde.

Es ist jedoch weniger die vermeintliche Schuld, die euch blockiert, als vielmehr die Schuldprogrammierungen. Sie sind unterschwellig sehr fleißig und lassen euch oft so handeln, als ob ihr an allen möglichen Situationen, die Gott und die Welt betreffen, Schuld tragen würdet. Auch wenn es so sein mag, dass ihr an all den Geschichten beteiligt wart, wer mag so viel Schuld schon in die Augen sehen? Das festigt die Angststrukturen in den Menschen. Und Menschen, die Angst haben, kann man gut leiten.

Dieses Schulddenken bewirkt, dass die unterdrückten Seiten von euch dabei helfen können, der dunklen Seite Macht über euch zu geben. Und dies kann das ganze Weltgeschehen beeinflussen.

Ich bezweifle übrigens, dass das Wissen um das Verschließen des Dritten Auges in den Segnenden so präsent war, dass sie es bewusst zu diesem Zweck angewandt haben. Man hat euch auch gesagt, dass ein Kreuzzeichen das „Böse" verjagt. Ist es so? Seid ihr angstfrei, wenn ihr das Kreuz angewandt habt? Und wenn ja, für wie lange hält dieser Zustand an?

Bei einer Segnung hat man den Blick demütig zu Boden zu senken, so wurde es den Menschen beigebracht. Vor den Göttern hat der Mensch im Staub zu liegen. Und wie oft ist diese erzwungene Demut im menschlichen Verhalten mit Unterwürfigkeit verwechselt worden. Viel zu oft.

Ein solches Denken hat mit dem Vergessen seines Ursprungs zu tun; einfach weil es so verstanden wurde durch das, was andere Menschen, die bereits älter und erfahrener waren, den Jüngeren beigebracht haben.

Beim Kuss jedoch hatte man traditionsgemäß aufrecht zu stehen, und bei der Berührung des Herzens dem anderen in die Augen zu sehen. Hier floss Liebe.

Möget ihr bald diesen Status wieder erreicht haben.

Wer sich unterwürfig verhält, muss immer wieder darum kämpfen, seinen Stolz an die Oberfläche zu holen. Einfach deshalb, weil er als Struktur in den Menschen angelegt ist. Und weil dann oftmals Kampf im Spiel ist, hat die Liebe, die eigentlich bei einer Segnung frei fließen sollte, wenig Raum.

Die Segnung mit dem Kreuz bedeutet schlicht und einfach, dass wir alle durch das Kreuz des Leidens miteinander verbunden sind, und dies für alle Zeiten. Es sperrt ein! Überlegt also gut, ob ihr weiter die Segnung des Kreuzes anwendet oder euch wieder für den Kuss entscheidet. Ich spreche hier übrigens von dem Kreuz, an das Jesus genagelt war. Denn das gleicharmige Kreuz hat zwar eine ähnliche Bedeutung, doch weist es auf Verbundenheit hin, ohne Schuld in Betracht zu ziehen. Und das lässt frei.

Viele Mütter küssen nach wie vor ihre Kinder aufs Dritte Auge, auch in anderen Kulturen. Ihr würdet vielleicht sagen, aus ihrem Instinkt heraus. Doch ich sehe das uralte Wissen sich in dieser Geste immer wieder seinen Weg bahnen.

Warum lege ich so viel Wert darauf, die Begrüßungsrituale genauestens zu erklären? Damit euch wieder bewusst wird, dass eine Begrüßung die tiefe Verbundenheit mit allem symbolisiert. Und ich sehe manch einen unter euch, dem die Begrüßungsreden einiger Meister und Engel langweilig werden, weil sie ihnen zu lang vorkommen. Und oftmals erkenne ich auch Ungeduld bei ihnen. Was glaubt ihr, die dies betrifft, warum Aufgestiegene Meister und Engel so viel Wert auf eine ausgiebige Begrüßung legen?

Geht in euch! Welchen Teil von euch wollt ihr damit verdrängen? Ihr weist eure Seele zurück, indem ihr Begrüßungen wenig Bedeutung beimesst. Und wie wichtig die immer wiederholte Erhöhung der menschlichen Schwingungen ist, werdet ihr leider auch erst nach und nach wieder begreifen.

Vielleicht habe ich jetzt mit meinem Beitrag altes Wissen in euch an die Oberfläche eures Bewusstseins geholt und ihr werdet zumindest bei euren Begrüßungen wieder freundlich miteinander umgehen. Denn bedenkt, dass euch jeder, der euch begegnet, vom Himmel gesandt wird. Darum widmet ihm ruhig die kurze Zeit eurer Aufmerksamkeit bei der Begrüßung. Auch dann, wenn ihr fast zu spät zur Arbeit kommt oder ähnliche Druck machende Situationen euch die Zeit stehlen wollen.

Als Lehrer war ich zu allen Zeiten ein wenig unbequem. Ich habe immer vollste Ehrlichkeit von meinen Schülern eingefordert. Das ist für sie anstrengend gewesen, und ich sehe auch heute die Anstrengung in den Menschen, die versuchen, ehrlich zu sich zu sein. Auch damals schon wollten sich einige Schüler und Schülerinnen vor ihrer inneren Wahrheit verstecken, ebenso wie es zu all den Zeiten danach gewesen ist. Ich habe vermeiden wollen, dass die Entwicklung auch meine Schüler in den Bann zieht, die eigene innere Wahrheit zu verschleiern. Und doch, ihr seht, dass ich hierin versagt habe.

Bedenke ich jedoch, dass die dunkle Zeit auch von euch gelebt werden musste, so erkenne ich, dass meine damaligen Vorstellungen scheitern mussten. Und hieran könnt ihr wieder erkennen, dass auch ein Aufgestiegener Meister, der sich als Mensch inkarniert, selbst mit seinem bereits erreichten Wissen in Situationen geraten kann, an denen er scheitern kann – jedenfalls nach menschlichen Vorstellungen. Geht er in sich, so wird ihm auffallen, dass seine Vorstellungen Geschehen einengen können.

Alle Leser dieses Buches sind mir bekannt und ich bin ihnen bekannt. Lasst die Erinnerung an mich bitte zu. Auch wenn ich sehr streng mit euch war, so habe ich doch jeden von euch sehr geliebt – damals wie heute.

Einige von euch haben mich damals, in atlantischen und später in ägyptischen Zeiten, durch den mir entgegengebrachten Ungehorsam dazu gebracht, sie aus den Elitegruppen auszuschließen. Das war dem damaligen Geschehen durchaus angepasst und eurem damaligen Entwicklungsstand ebenfalls.

Doch fast alle, denen dies geschah, haben mir Flüche angehängt. Jetzt ist die Zeit, diese zurückzunehmen, denn sie belasten nur euch selbst. Meine von Herzen geliebten Schülerinnen und Schüler, ich sprach euch schon lange davon frei. Tut es mir jetzt nach. Bitte!

Nach so langer Zeit sollte doch jeder gegenseitige Groll entschwunden sein! Ist einer unter euch, der ihn vielleicht doch noch spürt? Gib ihm zunächst nach, doch dann lass dir von Meister St. Germain helfen, ihn aufzulösen.

Warum bin ich ausgerechnet jetzt da und schreibe euch diese Zeilen, jetzt, da es darum geht, den dunklen Mächten Einhalt zu gebieten? Weil ich dabei helfen will, natürlich!

Und so habe ich auch aus diesem Grund so viel Wert darauf gelegt, euch über Begrüßungsrituale zu informieren.

Ja, ihr lieben Waisenkinder des Glücks, und ich bin auch wieder da, um denen, die ihre Ausbildung in alten Zeiten zu früh aufgegeben haben, jetzt doch noch ihre damals angestrebte Reifeprüfung zu ermöglichen. Und dazu habe ich mich entschlossen, als Vywamus den Mitgliedern der Friedensmission sein Buch angekündigt hat.

Ich gehöre ebenfalls zu dieser Gruppe von Wesenheiten, denn es war von jeher mein größtes Bedürfnis, den ganzheitlichen Frieden zu unterstützen. Und eine solche Chance, euch allen wieder gegenüberstehen zu können, sollte doch genutzt werden! Oder, was meint ihr? Und dies ist ebenfalls mein Beitrag dazu, euch von euren Ängsten und somit der Macht, die dadurch den dunklen Wesen gegeben wird, zu befreien.

Nun, da ich wusste, dass ich euch wieder begegnen würde, habe ich seit geraumer Zeit eure Bewusstseinsfelder erforscht, um zu sehen, wo jeder Einzelne steht. Ich bin angenehm überrascht worden. Ihr habt euch durch all die dunklen Zeiten gut hindurchgearbeitet. Und doch, es sind Sitten und Gebräuche bei den Menschen entstanden, die auch ihr größtenteils übernommen habt, von denen ihr euch besser verabschieden solltet, auch, um weniger leiden zu müssen, und dies betrifft auch die körperlichen Schmerzen, unter denen so viele Menschen leiden.

Einmal abgesehen davon, dass es noch viele Menschen sind, die sich ein Leben ohne Schmerzen kaum vorstellen können, ebenso ein Leben, ohne alt werden zu müssen, ist es das Verhalten, welches die Menschen anderen Wesen zufügen, bei dem diese manchmal unvorstellbare Schmerzen erleiden müssen. Die Wesen, von denen ich spreche, haben sich vertrauensvoll in die menschlichen Hände begeben.

Vor langer Zeit haben sie euch ihr Leben geschenkt, damit ihr weiter leben konntet. Doch inzwischen habt ihr so viele Möglichkeiten entdeckt und entwickelt, dass für alle Menschen und Tiere, die sich jetzt auf der Welt befinden, genug zu essen da ist. Arbeitet an euren Systemen und an eurem Mitgefühl.

Ihr habt bemerkt, worauf ich hinaus will?

Obwohl es auf der Erde im Moment denkbar schlecht gestellt ist und die Katastrophen sicher erwähnenswert wären, habe ich mich auf ein Thema konzentriert, das allein schon weitreichende Folgen für die Menschen hat.

Ja, es sind die Tiere, die noch immer von euch getötet werden. In anderen Büchern habe ich immer wieder darauf aufmerksam gemacht, ebenso wie in persönlichen Botschaften, die ich euch übermitteln ließ. Ich habe euch Träume geschickt, in denen ihr von Tieren getötet wurdet. Und manches Mal habt ihr in diesen Träumen entsetzliche Schmerzen erlebt.

Manchmal, denkt ihr, muss ein Tier getötet werden. Ihr setzt ihm den Gnadenschuss, so sagt ihr. Doch habt ihr das Tier gefragt, ob es dies auch wirklich will? Habt ihr in seine Augen gesehen, bevor ihr es getötet habt? Das Tier hat ebenso Todesangst wie die meisten Menschen. Wo ist euer Mitgefühl? Warum seht ihr die Tiere immer noch als Nutztiere? Hier zeigt sich, dass es vielen Menschen, auch einigen von euch, immer noch schwerfällt, zu akzeptieren, dass alle Wesen Gotteskinder sind. Und was viele Menschen als Nutztiere betrachten, sind göttliche Wesen, die euch helfen wollen, bei was auch immer. Und ganz sicher wollen sie euch Freude bereiten. Denn das ist ein Teil ihrer Aufgabe.

Ich war dafür bekannt, euch zu lehren, dass dies so ist. Ich habe mich geweigert, rituelle Bräuche zu unterstützen, in denen Lebewesen geopfert wurden. Und ich habe meinen Schülern versucht, ein Gefühl der Achtung vor jedem Lebewesen und Liebe zu ihm zu vermitteln. Und das war damals genau das, was meine Schüler, die aus den Elitegruppen ausgeschlossen worden sind, abgelehnt haben. Oft kamen sie aus Familien, die Geld mit den Produkten von toten Tieren verdient haben.

Wären die Situationen so gewesen, dass die Familien verhungert wären, wenn sie sich fleischlos ernährt hätten, so wäre die Nahrungskette mit Tierfleisch sicher zur Rettung der betreffenden Menschen zu vertreten gewesen. Denn in Ausnahmesituationen haben sich die Tiere für die Nahrungskette zur Verfügung gestellt. Doch in den Zeiten, von denen ich spreche, war die Versorgung auch ohne Tierfleisch gut. Ebenso wie sie es heute zumindest in den Ländern, die über Wohlstand verfügen, sind. Und würdet ihr die Nahrungsmittel vernünftig verteilen, so kämt ihr wie auch die Menschen in Ländern, die arm sind, ohne Tierfleisch zurecht.

Dies sind oberirdische Verbrechen, die von den Menschen begangen werden. Bitte, ich bin hier weder als Richter noch als Vollstrecker zugegen. Ich weise euch lediglich auf euer Verhalten hin, damit ihr erkennt, in welcher Weise auch ihr den dunklen Mächten zu Gefallen seid. Und ich knüpfe hier an meine Ansichten aus den damaligen Zeiten an.

Obwohl es Menschen gibt, die sich mit diesem Thema befassen und ebenfalls an euer Mitgefühl appellieren, weisen viele sie als einzelgängerische Idioten zurück. Was machen diese Menschen?

Ich spreche jetzt die Gruppe von euch an, aus der einige schon erkannt haben, dass, um Lichtarbeiter in seiner eigentlichen Funktion sein zu können, der Fleischverzehr abgelehnt werden müsste. Doch auch einige von ihnen verzehren noch Fleisch. Bitte denkt darüber nach.

Doch ich appelliere auch an diejenigen, die sich ohne Fleisch ernähren, sich einer Verurteilung zu enthalten. Denn dass diejenigen, die noch Fleisch essen, durch viele Inkarnationen gegangen sind, in denen sie Fleisch essen mussten, um zu überleben, ist der Hauptgrund dafür, dass sie noch Fleisch essen. Die Programmierungen sind immer noch aktiv, die besagen, dass ein Leben ohne Fleisch auf jeden Fall zu Mangelerscheinungen und zum Tod führen muss. Und würden sie von heute auf morgen aufhören, Fleisch zu essen, so würde ihr Körper mit Mangelerscheinungen antworten.

Diese Verkettung der Umstände wirkt ebenso wie die karmischen Verstrickungen. Die Ursachen hierfür müssen behoben werden. Die Programmierungen müssen schnellstens aufgelöst werden.

Und taucht die Frage auf, wie Menschen, die durch Tiere, ob Koch oder Metzger oder andere, ihren Lebensunterhalt anders bestreiten sollen, so lasst euch sagen, die Menschen finden andere Verdienstmöglichkeiten, die ihnen Wohlstand ermöglichen, auch ohne den Beruf eines Metzgers oder Kochs ausüben zu müssen. Es gibt immer andere Möglichkeiten. Es setzt lediglich ein anderes Denken voraus, und es ergibt sich dann eine andere Chance, Geld verdienen zu können.

Als die Menschen beschlossen haben, Tiere zu töten, wozu ich auch Fisch und andere Tiere zähle, die im Meer leben, haben sie sich selbst mit einem Vertrag gebunden. Sie wollten die gleichen Schmerzen ertragen, wie sie die Tiere erdulden mussten. Dieser Vertrag wirkt sich während vieler Leben aus. Selbst wenn ihr das Fleischessen schon lange aufgegeben habt. Die Schmerzen, die viele von euch heimsuchen, haben außer den feinstofflichen und irdischen Ursachen immer auch mit den erwähnten Verträgen zu tun. Löst euch von ihnen, und es wird euch besser gehen, falls ihr unter Schmerzen leiden solltet.

Diejenigen, die noch Fleisch oder Fisch essen, sollten bitte auch bedenken, dass selbst dann, wenn sie die Programmierungen aufgelöst haben, noch ein wenig Zeit vergehen wird, um sich von dem alten Verhalten zu lösen. Denn hier kommt eine weitere Programmierung ins Spiel: nämlich die, die besagt, dass das bereits getötete Tier, ohne verzehrt zu werden, doch auf Abfallbergen landen wird. Es ist die Programmierung, die auf Verschwendung hinweist. Verständlicherweise wehrt sich der Mensch dagegen, wenn solche Programmierungen in ihm vorhanden sind. Auch diese Programmierungen können gelöscht werden. Denn seht, je weniger Menschen sich in Zukunft für Fleisch zum Verzehr entscheiden, um so weniger Tiere werden getötet, bis zu dem Zeitpunkt, wo ihr dieses Vergehen einstellen werdet.

Da ich, außer euch durch eure Reifeprüfung zu bringen, ja auch hier bin, um euch einige Missstände auf der Erde aufzuzeigen, so möchte ich auch auf die Missstände in der Erde hinweisen.

Wer von euch weiß, was Menschen unter der Erde tun, außer Ressourcen abzubauen?

Ich sehe, es sind nur wenige, denen ein begrenztes Wissen darüber zur Verfügung steht.

Und ich sehe, dass einige von euch ungläubig und bereit zu urteilen auf diese Zeilen blicken. Bitte erinnert euch, Urteile zu fällen, gehört in den unentwickelten Bewusstseinszustand, den ihr einstmals hattet. Ihr seid weitergekommen.

Wenn ihr in den Akten eurer Geheimdienste lesen könntet, was der Mensch sich so alles einfallen lässt, um die Erde wirklich auszubeuten, ihr würdet staunen. Ob an den natürlichen Verschiebungen der Erdplatten durch unterirdische Atombombenversuche, durch Bauen von Arealen, die für Forschungszwecke an Menschen und Tieren, die oft spurlos verschwunden sind, genutzt werden oder noch sollen, oder durch unterirdische Bunker gewirkt wird oder ob durch Bohrungen die innere Erde untersucht werden soll, weil die Menschen nach neuen Lebensräumen suchen, es ist unvereinbar mit den universellen Gesetzen der Achtung vor der Natur.

Wann immer ihr davon erfahrt, denn es gibt viele Mitteilungen, die darauf hinweisen, sendet bitte Licht in diese Gebiete. Das Licht erkennt eure Absicht und handelt so, wie es die Gesetze verlangen. Gebt euren Willen in die göttlichen Hände des Lichts ab.

Doch unterlasst auch in diesen Fällen eine Verurteilung der Menschen, die auf diese Weise arbeiten, denn ihr wisst zu wenig über die Gründe.

Bis auf das, was die Reifeprüfung betrifft, habe ich jetzt all das gesagt, was mir auf dem Herzen lag, und nun können wir gemeinsam in die Prüfung gehen.

Ich mache jedoch darauf aufmerksam, dass diese Entscheidung von jedem Menschen selbst gefällt werden muss. Darum bitte ich euch, erst zu lesen und dann zu entscheiden, ob ihr dem zustimmen möchtet, was ich euch als Aufgabe zur Reifeprüfung zugedacht habe. Auch in dem Falle, dass ihr sie ablehnt, seid ihr von mir von Herzen geliebt, liebe Kinder des Lichtes.

Indem ich euch durch die Reifeprüfung bringe, habe ich meine einstige irdische Aufgabe beendet. Jeder der jetzigen Leser und Leserinnen hat die Chance, an ihr teilzunehmen.

Bist du bereit?

So lege dich bequem hin und atme in deinen Bauch. Atme ein und aus, so lange, bis du dich ruhig und zentriert fühlst. Ich bringe dich nun in die Zeit zurück, wo du in einem langen, weißen Gewand vor mir und den ägyptischen Priestern dein Gelübde abgelegt hast, deine von den Göttern erhaltenen Gaben in wahrheitsgemäßer und verantwortungsvoller Weise allen Lebewesen zur Verfügung zu stellen.

Lass die Bilder vor deinem inneren Auge auftauchen. Sieh dich selbst dort stehen und das Gelübde ablegen.

Danach gehe zu dem Tisch, der hinter dir steht, tauche die Feder, die mitsamt dem Tintenfass und einer Schriftrolle auf dem Tisch bereit liegt, ins Tintenfass und beginne zu schreiben.

Sieh dich wirklich schreiben.

Ich gelobe hiermit, dass ich, wenn ich die Zeit der Dunkelheit beendet habe, mit all dem Wissen, welches ich insgesamt in allen Zeiten erworben habe, der Ganzheit zur Verfügung stehe und dorthin gehe, wo meine Fähigkeiten am besten helfen werden. Ich gestalte von nun an meine Lebenspläne in der Weise, dass ich meinem Gelöbnis treu diene und dieses mit unendlicher Liebe und Freude tun werde.

Sollte ich zu irgendeiner Zeit in Schwierigkeiten geraten, so spreche ich meine Helfer der jenseitigen Lichtwelten an, mir aus diesen herauszuhelfen.

Und hier unterschreibe den Text mit deinem heutigen Namen. Er hat auch Gültigkeit für die damalige Zeit.

Und nun rolle die Schriftrolle zusammen und übergebe sie mir. Sie wird zu den Schriftrollen gelegt, die all deine Lebenspläne enthalten, und ist bereits in die Akashachronik eingetragen worden.

Sei dir des heiligen Moments bewusst, denn du hast nun die Reife erlangt, nach der du in all deinen Inkarnationen gestrebt hast.

Ich umarme dich und wünsche dir für die Zeiten, die nun auf dich zukommen, Liebe, Licht, Kraft und Freude für dich, was du alles an andere Lebewesen weitergeben darfst.

Du warst ein wundervoller Schüler und ich freue mich, dass du mich als deinen Lehrer für die damalige Zeit ausgewählt hast. Auch wenn du eine Schülerin warst, so gilt das, was ich gesagt habe, ebenso für dich. Ich freue mich auf die Zeit, in der wir wieder beisammen sein werden, in der Welt, in der ich jetzt lehre.

Sei von mir umarmt und gesegnet!

Thoth, der Atlanter, dein ehemaliger Lehrer

Erzengel Michael

Auch meinen Segen, verbunden mit meiner Liebe zu euch, sollt ihr empfangen, liebe Erdenbürger, die ihr allesamt auch Gottes Kinder seid! Und ihr seid mit wenig anderen Wesen, die im weiten Universum leben, wohl die einzigen, die dies entweder vergessen haben oder kaum glauben wollen.

Ihr fühlt euch klein und häufig von Gott übersehen. Doch die meisten von euch haben bereits als Kinder gelernt, dass der „liebe Gott" alles sieht, euch alle kennt und lieb hat, zumindest diejenigen von euch, die in ihrer Kindheit einen einigermaßen guten Kontakt zu ihren Eltern hatten.

Was ist aus diesem Wissen bei euch geworden? Die meisten haben es im Laufe ihres Lebens verdrängt. Und doch. Gott ist allwissend, denn er kann in jedem Einzelnen von seinen Geschöpfen lesen wie in einem offenen Buch. Eure Erfahrungen sind ihm allgegenwärtig.

Was mich betrifft, so ist mir dies alles selbstverständlich, und ich kann daher meine Aufgaben mit Selbstbewusstheit ausführen. Und das wünsche ich jedem von euch ebenfalls. Denn dann verliert sich die Schwere, die ihr in den Aufgaben noch so oft seht.

Doch ich will auch diejenigen begrüßen und segnen und ebenfalls in meine Liebe einbetten, die andersgläubig sind. Auch sie beten zu einem Wesen, das sie zwar anders benennen, das jedoch die gleiche Bedeutung hat wie Gott. Und somit lässt sich auch auf diese Menschen alles beziehen, was ich eben gesagt habe.

Nun habt ihr so Vieles über die dunklen Mächte und über eure Angst vor euch selbst und den dunklen Mächten gehört und sollt angstfrei bleiben. Dazu gehört schon großes Vertrauen in die göttliche Lichtwelt. Ich sehe, dass einige von euch es wollen, doch es fehlt ihnen die Kraft, ihre Angst zu überwinden.

Darum bin auch ich gekommen. Euch dabei zu helfen, doch auch um euch zu erzählen, was ich zur Erhaltung des Friedens in den Galaxien und zum Erreichen des Friedens auf der Erde tue. Es soll euch dabei helfen, wieder Vertrauen fassen zu können.

Ich nehme dich jetzt in meine Arme, egal, ob du die Angst loslassen kannst oder dich noch an ihr festklammern möchtest. Spüre bitte meine Energie, die ich um dich herum ausbreite. Und dann lass dich einfach fallen, indem du tief ausatmest und der Leichtigkeit, die deinen Körper nun umfängt und sich durch ihn hindurch arbeitet, nachgibst. Das ist Fallenlassen, so wie ich es meine.

Meine lieben Gotteskinder, es geht nur, wenn ihr auch euren Gefühlen erlaubt, daran teilhaben zu dürfen. Und ich meine hiermit, dass sie alle daran teilhaben dürfen sollten, alles das, was zu euch gehört, ob es euch nun bekannt ist oder noch unbekannt. Gebt nach.

Für einige Minuten solltet ihr nun eure Augen schließen, sodass ich an eurer Angst arbeiten kann.

Sobald ihr Frieden in euch spürt, ist meine Arbeit für den Moment getan und ihr könnt, wenn ihr mögt, weiterlesen. Doch meine Arbeit an euch geht auch dann weiter. In der Nacht ebenfalls, auch dann, wenn ihr weder von mir träumt noch etwas anderes Spektakuläres erfahrt. Ich schneide die Verbindungen zu allen Wesen durch, die euch jemals Angst gemacht haben. Bitte erteilt mir die Erlaubnis dazu. Denn sie benötige ich schon noch, um auch so weitreichend handeln zu können.

Ich danke euch von ganzem Herzen, meine lieben Gotteskinder.

Das, was bleibt, ist euer gewohnheitsmäßiges Verhalten, wenn ihr an diese Lieben denkt beziehungsweise ihnen begegnet. Und hier sind schon wieder Programmierungen in eurem Zellbewusstsein aufzulösen und durch neue zu ersetzen. Wenn ihr mögt, helfe ich euch dabei, was sich jedoch lediglich auf das Abschneiden der Verbindungen bezieht und auf eine Erinnerung daran, sobald ihr den Menschen wieder begegnet oder eben an sie denkt.

Da eure Eigenständigkeit in jedem Fall erhalten bleiben muss, könnt ihr die neue Programmierung mit euren eigenen Worten eingeben. Sie sollten in etwa so lauten, dass ihr ab sofort ohne Angst vor den betreffenden Wesen seid. Die Aussage sollte in jedem Fall den Zeitpunkt bestimmen und in der Gegenwart gesprochen werden und ohne verneinende Worte sein. Macht euch immer wieder bewusst, dass die Angst machende Verbindung vorüber ist. Wenn ihr sie trotzdem noch spüren solltet, dann wiederholt in diesem Falle den neuen Satz für die Programmierung, wie oben erwähnt. Mit der Zeit ist euch diese Maßnahme gewohnt und die Angst geht wirklich vorüber. Trotzdem wäre es schön, wenn ihr die Wesenheiten mental und von Herzen um Vergebung bitten würdet. Denn wenn Angst im Spiel ist, so habt auch ihr dem betreffenden Wesen etwas ermöglicht, das eure Schuldgefühle hervorgerufen hat. Bittet ihr um Vergebung, so lösen sich mit der Zeit auch die entsprechenden Schuldgefühle auf.

Die Angst vor euch selbst braucht etwas länger, um aufgelöst werden zu können. Dafür, dass auch sie schnellstens aufgelöst wird, werdet ihr in den anderen Kapiteln über viele Dinge informiert, die euch erkennen lassen, warum ihr Angst vor euch selbst habt. Außer der Angst vor Bestrafung, weil ihr ungehorsam und böse wart – Worte anderer Menschen –, schwelen noch andere Ängste in euch.

Die Bewusstmachung dieser Ängste verhilft euch dazu, sie auch wirklich loslassen zu können, einschließlich der Programmierungen.

So werdet ihr wieder die wundervollen, **selbstbewussten** Wesen, die ihr von jeher gewesen seid, obwohl dies nur wenig Menschen über sich erkannt haben. Mit dem Loslassen aller Ängste, die euch bisher daran gehindert haben, dies wieder annehmen zu können, erweist ihr auch dem erwähnten Plan für 2012 einen großen Dienst. Doch euch selbst erweist ihr dadurch wohl den größten Dienst. Es ist ein göttlicher Wunsch, dass jeder Mensch seinen Selbstwert erkennt und ihn lebt.

Irrtümlicherweise wird Selbstbewusstheit immer wieder mit Egoismus gleichgesetzt, und das soll etwas Schlechtes sein, so haben viele Menschen es gelernt. Und selbst bei den erwachten Menschen kann man diese Strukturen noch wirken sehen.

Doch, ihr Lieben, solange ihr selbst euren eigenen Wert missachtet, wie soll dann die Liebe frei in euch wirken können?

Und da ihr nun erwachsen seid, so dürft ihr euch von dem lösen, was ihr in eurer Kindheit anderen Menschen abgeschaut habt, um einen Weg zu finden, der euch eine Existenz als Erwachsener ermöglichen sollte. Und gehörte dazu, euch selbst immer wieder zurücknehmen zu müssen, um anderen den Vortritt zu lassen, wo sind dann die Wünsche des einstigen Kindes geblieben? Sie holen euch im Erwachsenenleben wieder ein, doch dann so, dass sich Gefühle wie Neid, Missgunst und auch Verachtung einen Weg bahnen. Die Anlagen sind in allen Menschen vorhanden, doch müssen sie unbedingt alle gelebt werden, und wenn ja, wie lange denn?

Mangel an Selbstwertgefühl ist auch immer mit Angst vor Versagen im weitesten Sinne verbunden. Erkennt bitte, dass ihr euren Selbstwert erkennen solltet, und zwar jeder von euch. Und erkennt bitte auch, dass jeder gleichviel wert ist wie der andere. Wie könnte es denn sonst sein, dass wir alle Eins sind?

Ich möchte euch jetzt ein wenig mehr über mich und meine Aufgaben für die Friedensmission erzählen.

Ich arbeite für die intergalaktische Friedensmission und für viele intergalaktische Einrichtungen, die sich ebenfalls zum Ziel gesetzt haben, den intergalaktischen Frieden zu unterstützen.

Was bedeutet nun intergalaktisch in dem Sinne, wie wir es verstehen? Hiermit ist gemeint, dass es sich um bestimmte Gebiete in den Galaxien handelt, denen sich die dunklen Mächte nur begrenzt nähern dürfen. Denn auch sie existieren in Gebieten, die Lichtwesen nur mit Erlaubnis der dunklen Wesen betreten dürfen. Und da wir alle einst zugestimmt haben, dass jeder in seinem Bereich die bestmöglichen Erfahrungen machen darf, sollte die Abmachung auch von allen eingehalten werden. Sollte!

Doch auch hier gibt es Grenzüberschreitungen, wie ihr es auch von der Erde kennt. Und um diesen Einhalt zu gebieten, ist eines Tages die Friedensmission ins Leben gerufen worden, und ich erhielt eine Aufgabe, die ich gerne übernahm: den Frieden in dem Bereich erhalten zu helfen mit den Mitteln, über die ich verfüge. Ja, und über welche Mittel verfügt ein Engel? Über Liebe! Diese ist grenzenlos. Ich kann mein Licht so hell erstrahlen lassen, dass sich die dunklen Wesenheiten zurückziehen, doch manchmal nur so weit, dass sie schnell wieder einen Vorstoß wagen. Sie sind in ihrer vereinnahmenden Art wirklich sehr ausdauernd. Ich möchte sagen, sie verrichten ihre Arbeit wirklich außergewöhnlich, und wäre Liebe im Spiel, so würde ich auch sagen, mit grenzenloser Liebe. Doch diese ist von ihnen so tief in ihrem Inneren versteckt worden, dass sie möglichst ohne Gefühle ihren Aufgaben nachgehen können. Sie haben eindeutig den schwereren Part übernommen. Denn ohne Liebe zu sein, ist für mich unvorstellbar schwer.

Meine Waffe, die ihr so gerne mit irdischen Waffen vergleicht, ist lichtvolle Energie. Ich kann sie so bündeln, dass sie wie ein Schwert wirkt, wenn ich die entsprechende Bewegung dazu mache.

Um die Erde herum habe ich zusammen mit anderen Lichtwesenheiten einen sehr starken Lichtkranz gezogen, der kaum von den Wesenheiten der dunklen Mächte durchdrungen werden kann, es sei denn, dass die menschlichen Gedanken ihnen eine Eintrittsmöglichkeit bieten. Und wie es um die Gedanken der Menschen bestellt ist, könnt ihr am besten bei euch selbst und in eurem Umfeld erforschen.

So habe ich außer den außerirdischen Bereichen auch die Innererde und die Menschen mit Licht zu versorgen, wenn sich Dunkelheit in ihnen ausbreiten möchte.

Versteht ihr jetzt, warum wir euch um Hilfe bitten? Nur ihr selbst könnt all diesem Geschehen ein Ende bereiten. Das, was wir alle tun können, ist, euch immer wieder die Hand zu reichen und euch an die Liebe in eurem Inneren zu erinnern und in unserer Liebe zu baden. Und das tun wir fortwährend. An euch ist es, dies anzunehmen und dann auch schließlich wahrzunehmen. Durch die Wahrnehmung gewinnt ihr dann Sicherheit, und gleichzeitig erkennt ihr auch wieder das göttliche Licht in euch.

Nun möchte ich euch noch auf etwas hinweisen, das euch dienlich sein wird.
Es ist ein großes Gebiet, über das wir jetzt sprechen. Der Mensch ist außerstande, diese Größe zu ermessen. Und in diesem Gebiet existieren sehr viele Lebensbereiche, die den Menschen unbekannt sind. Trotzdem erreichen all eure Gedanken auch diese Gebiete, wie auch die Gedanken, die dort gedacht werden, euch auf der Erde erreichen.
Dies sind wieder unbewusste Vorgänge, doch wichtig zu wissen und zu beachten, wenn ihr vielleicht einmal wieder in eine Situation geratet, in der ihr handelt, als ob ihr ein völlig anderer Mensch wäret.
Es könnte sein, dass ihr in dem Moment so sehr mit den Gedanken einer anderen Wesenheit verbunden seid, dass ihr Unverständnis bezüglich eurer Handlung habt. Durchlebt ihr in Zukunft solche Situationen und möchtet wissen, warum ihr so gehandelt habt, so ruft mich an, um die Antwort zu bekommen. Doch auch alle anderen Lichtwesenheiten werden euch bei der Aufklärung helfen.
In manch einem solchen Fall könnt ihr die Verbundenheit sehr deutlich erkennen. Dann nämlich, wenn ihr eure Handlung auch noch „von außen" betrachten könnt. Zunächst ist dieses Geschehen sicher sehr verunsichernd für euch. Doch mit dem jetzigen Wissen, was eventuell geschehen ist, dürftet ihr wieder Sicherheit fühlen, wenn euch in Zukunft etwas Ähnliches geschehen sollte.

Doch auf der irdischen Ebene ebenso wie auf allen Ebenen sind fast alle Wesenheiten durch spezielle Zellprogrammierungen vor dieser Art von Erfahrungen gefeit. Denn es ist ja so, dass Getrenntheit euch ermöglichen soll, individuelle Wege zu beschreiten. Und dafür sind die Programmierungen auch eingegeben worden.

Doch ihr wisst ja auch, dass manchmal scheinbare Fehler im Programm gespeichert sein können. Dazu kann ich nur sagen, dass die vermeintlichen Fehler extra eingebaut wurden, um auch diesbezügliche Erfahrungen machen zu können.

Was könnt ihr nun tun, wenn sich solch fremdartige Gedanken oder gar Wesensanteile derjenigen, deren Gedanken ihr empfangen habt, scheinbar in euch etabliert haben?

Sprecht sie kurz an und weist sie darauf hin, dass sie sich an einem falschen Ort befinden. Sagt ihnen, dass sie sich wieder zurückziehen müssen und dass ihr ihnen dabei helft, indem ihr euch vorstellt, wie ihr die Wesenheit mit ihren Gedankengängen sanft aus euch heraushebt. Trefft ihr auf Widerstände, so ruft mich zu euch, und ich helfe euch, wieder frei zu werden. Es ist lediglich ein energetischer Vorgang, vor dem ihr ohne Angst bleiben solltet.

Bemerkt ihr vor einer Handlung, dass etwas bei euch anders zu sein scheint, als ihr es gewöhnlich spürt, so geht gleichermaßen vor. Hin und wieder sind es auch Verstorbene, die so versuchen, wieder auf der Erde Fuß zu fassen. Auch in diesen Fällen bleibt angstfrei, denn auch hier kann Abhilfe geschaffen werden in der Weise, wie ich es schon beschrieben habe. Im Moment, wenn Angst aufkommt, ruft mich um Hilfe an. Ich wirke in jedem Fall so, dass ihr wieder von den Wesenheiten befreit werdet. Denn das gehört auch zu meinen Aufgaben.

Der Zustand der Erde ist, insgesamt gesehen, sicher zunächst einmal wenig gut. Ihr stimmt mir hierin sicher zu.

Doch die Erde befreit sich auf diese Weise von dem, was ich euch gerade über euch selbst gesagt habe. Sie wird von den Schwingungen und Teilwesenheiten der dunklen Welt besucht und wehrt sich dagegen. Nun kommen bei den Naturkatastrophen auch Menschen zu Tode, die in einer höheren Schwingung gelebt haben. Sie haben dem vor langer Zeit zugestimmt, um denjenigen auf der anderen Seite Stütze sein zu können, die ihrer bedürfen. So löst euch von dem Gedanken an den grausamen Tod. Dies ist der Schein, dem ihr begegnet.

Viele Menschen sind noch auf der Erde, die sich den dunklen Mächten zur Verfügung stellen oder bereits gestellt haben. Doch, bitte, vertraut auf die Kraft des Lichtes. In den kommenden Jahren werdet ihr viele weitere Katastrophen erleben. Ob Natur- oder Wirtschaftskatastrophen. Die Systeme, die eure Vorfahren aufgebaut haben, werden an vielen Stellen zusammenbrechen. Die kosmischen Konstellationen unterstützen diese Vorkommnisse, in diesem Falle jedoch, ohne die dunklen Mächte dazu um Hilfe bitten zu müssen.

Wird ein System gesprengt, so kann ein neues entstehen. Und hoffen wir doch ganz einfach darauf, dass dieses dann besser für alle Beteiligten sein wird! Ich möchte natürlich vermeiden, zu sehr in eure Kreativität einzugreifen. Doch bei einem anderen System ist die Hilfe aus den geistigen Welten manchmal schon angebracht. Wie sollt ihr wissen, was den Menschen Zufriedenheit, Wohlstand und Gesundheit beschert?

Ihr seid im Westen seit Jahren dabei, das Gesundheitswesen unter die Lupe zu nehmen. Und bei Gott, ihr habt dabei bereits so viel altes Wissen wiederentdeckt, dass sich in jedem Falle der Weg zeigt, wie sich die Konzerne der Pharmaindustrie den neuen Gegebenheiten anpassen müssen. Und auch die Krankenkassen und Versicherungen erkennen langsam, dass die alternativen Heilmethoden zu beachten und wohl auch mit einzubeziehen sind.

Und noch etwas scheint auf der Erde wieder Fuß zu fassen. Ich spreche von den Heilern, ob Ärzte oder Heiler ohne akademisches Wissen ist ohne Bedeutung, die wieder vom Herzen her behandeln. Auch ein Heiler ohne akademisches Wissen muss zuerst lernen, bevor er beginnt, heilende Unterstützung zu geben. Es geht um ein ganzheitliches Körperwissen, das vielen spezialisierten

Ärzten leider fehlt. So wird auch bald hier eine andere Denkweise Fuß fassen und euch wirklich weiterhelfen.

Ich habe euch jetzt schon einmal drei Bereiche gezeigt, die sich sehr stark im Wandel befinden und die euch anzeigen können, was sich bereits alles im menschlichen Denken verändert hat.

Nun komme ich noch auf etwas zu sprechen, das so oft verurteilt wird. Und das ist die Todesstrafe.

Es weilen viele Menschen unter euch, die sich zusammengetan haben, um dieser Gesetzgebung ein Verbot zu erteilen. Ich kann dies nur begrüßen. Denn welcher Mensch sollte das Recht besitzen, anderen das Leben nehmen zu können! Dies sollte doch vom universellen Gesetz immer nur mit Zustimmung des Menschen geschehen, der den Tod auch wirklich herbeiwünscht. Und hier kann ich auch gleich die Ärzteschaft ansprechen, die sich als Richter aufspielt, wenn Angehörige oder andere Menschen einem Schwerkranken auf die andere Seite hinüberhelfen, wenn der Kranke sich dies wirklich wünscht. Die Ärzte, die sich in diesen Fällen oft ein wenig in den richtenden Vordergrund stellen, schalten unter Umständen bei Koma-Patienten die Geräte zu früh ab – meist aus Kostengründen –, doch vorgespielt wird hier humanitäre Hilfe. Wer zeigt in diesen Fällen mit dem Finger auf andere Menschen?

Doch bei allem Augenschein der menschlichen Situationen wäre auch zu bedenken, was der andere Mensch erfahren wollte? Und das kann ein anderer Mensch kaum erkennen. Auch hierfür dürft ihr jederzeit um die Hilfe aus der geistigen Welt bitten, einzuschreiten.

Wenn das Ergebnis dann anders ist, als ihr es erwartet habt, so fügt euch darein. Denn in diesem Fall wurde der Lebensplan des anderen Menschen sicher beachtet und berücksichtigt.

Ihr habt Angst vor dem irdischen Tod, meine herrlichen Geschöpfe des Lichtes. Hört auf, euch deswegen zu schämen. Es ist, menschlich gesehen, eine völlig normale Einstellung. Denkt an all die Leben, in denen ihr mit starken Schmerzen dem Tod ins

Gesicht gesehen habt. Und dieser Tod als Wesenheit hatte oft das Gesicht des Menschen, der euch half, euren irdischen Körper zu verlassen. Oft habt ihr in Erinnerung, dass dieses Gesicht verzerrt und böse war. Löst euch von diesen Vorstellungen. Alle Menschen haben Erfahrungen ähnlicher Art gemacht, und so sind auch die Bilder mit dem Antlitz des Todes zu sehen. Löst euch von diesen Vorstellungen.

Geht ein Mensch mit solchen Vorstellungen in den Tod, so wird er wohl kaum in die Lichtwelten eingehen wollen und bleibt, so lange er kann, seinem irdischen Körper nah, was der Erde einige Probleme der Last aufbürdet. Darum beginnt schon heute damit, die Angst vor dem Übergang aufzulösen. Ja, auch dabei kann ich helfen, wenn ihr es möchtet.

Manchmal habt ihr mit euren dunklen Gedanken zu kämpfen. Hört auf damit. Lasst sie euch ruhig anfallen, gebt ihnen Raum und dann schließt Frieden mit ihnen, indem ihr ihnen Licht sendet. Sie gehören zu den menschlichen Erfahrungen dazu. Solange ihr gegen sie ankämpft, solange werden sie euch in die niedrigeren Schwingungen ziehen, die euch anfällig für Ängste vor allem Möglichen machen.

In immer höhere Schwingungsebenen aufzusteigen, bedeutet auch, sich mit den dunklen Gedanken in euch auseinanderzusetzen, was bedeutet, dass ihr mit der Vernunft, deren ihr fähig seid, ihre Gründe durchleuchtet. Sind sie aus Neid, Wut, Gier oder ähnlichen Gefühlen heraus entstanden, so sagt euch, dass ihr die Strukturen bereit seid aufzulösen. Lasst euch eventuell die Ursachen dazu von eurer Inneren Führung zeigen und die Programmierungen, die euch in den alten Gefühlen festhalten, nennen, damit sie auch aufgelöst werden können.

Wenn ihr von Herzen bereit seid, euch von all dem Erschwerenden in eurem Leben zu trennen, bereit, zügig auf der Leiter in die höheren Schwingungsebenen hinaufzusteigen, so tut ihr das, was in eurer Möglichkeit steht, dem Plan für 2012 Unterstützung zu geben.

Seid ihr nun auch bereit, Liebe für euch selbst fließen zu lassen und sie damit auch anderen Menschen und Tieren zugute kommen zu lassen, so habt ihr die vorläufig letzte Hürde zur Befreiung eures Planeten genommen.

Ich habe euch jetzt immer wieder auf euer Verhalten hingewiesen, habe euch gesagt, wie ihr es verändern könnt und was dies bewirkt. Was ich selbst tue, um die Erde weitestgehend zu schützen, habe ich euch auch bereits gesagt. Zusammenfassend noch einmal: Ich mache euch auf bestimmte Dinge, die ihr tun könnt, aufmerksam. In den Welten um eure Erde herum, jedoch auch tief in ihr, sorge ich mit vielen anderen Lichtwesen für den Ausgleich der niedrigen Schwingungen. Dies war bisher oftmals ein Balanceakt, weil immer wieder dunkle Schwingungen von den Menschen dazwischenfunkten. Die Vielzahl der Menschen macht dafür schon etwas aus. Und je mehr von euch sich von den Gedanken, die hinabziehen, lösen, umso mehr habe ich freie Hand, die ich dem Ausgleich der Schwingungen so widmen kann, wie es zurzeit zum Wohle aller erwünscht ist.

Seht, ihr lieben Kinder Gottes, ihr habt nun einmal das Sagen auf der Erde. Und wir in den geistigen Welten müssen uns darein fügen, so gerne wir auch manches Mal andere Entscheidungen fällen würden, als es die Menschen tun.

Was auch noch sehr wichtig zu wissen ist, dass ihr allein durch eure Gedanken, wenn ihr sie in Liebe denkt, der Göttlichkeit in ihrer strahlenden Kraft dazu verhelft, durch euch die Erde und alle Bewohner auf ihr in Liebe zu baden. Liebe heilt alle Wunden.

Ich bin der Engel, den ihr als den Kämpfer für das Licht beschreibt. Und so ist es auch. Doch dass ich Schwert schwingend das Böse ausrotten will, das ist eine Legende, die euch eure Eigenverantwortlichkeit nimmt. Und das ist im Sinne der dunklen Mächte. Solange ihr die Verantwortung für euer Denken in andere Hände legt, solange gebt ihr euch auch automatisch in die Hände der dunklen Kraft.

Um mich und das, was ich euch erzählt habe, begreifen zu können, beobachtet doch in den nächsten Tagen einmal eure

Reaktionen auf das, was euch im Außen begegnet. Schaut euch die Nachrichten an und beobachtet euch selbst, wie ihr sie aufnehmt. Überprüft eure Fähigkeit, Mitgefühl für die Opfer zu empfinden, doch ebenso für die, die ihr der Tätergruppe zuordnet. Gebt diesen Menschen eine Chance.

Jesus sagte laut Überlieferung am Kreuz über die Täter: Herr, sie wissen nicht, was sie tun.
Doch ich sage: Richtet euren Fokus auf die Seelen der Täter und sendet ihnen einfach nur Licht, und wenn ihr könnt, auch Liebe.

Und damit möchte ich meinen Beitrag in diesem Buch beenden.
Ich segne euch mit dem gleichschenkligen Kreuz und sende euch Licht, das euch die Unterstützung zur Veränderung bringen wird.

So bin ich auf ewig
Euer euch von Herzen liebender

Erzengel Michael

Uranus, die Heimat von Mikay

Ich bin Syskaah, und ich habe euch versprochen, dass ich mich hin und wieder in diesem Buch melden würde. Ihr erinnert euch an mich? Ich danke euch allen, ihr Lieben.

Ich begrüße euch wieder von ganzem Herzen, liebe, göttlichen Kinder in der menschlichen Verkörperung! Ihr seid ja Menschen geworden, weil ihr euch aus den tiefsten Schwingungen heraus, die ihr auf der Erde erfahren konntet, wieder selbst in die höchsten Schwingungen anheben und in eurer Göttlichkeit wiedererkennen wolltet.

Ihr habt den Weg der völligen Öffnung eures Bewusstseins gewählt, was ja bedeutet, dass euch alles, was ihr an Bewusstsein in euch tragt, immer zugänglich ist. Um dahin zu gelangen, habt ihr bereits einen schwierigen Weg zurückgelegt, der mit vielen Steinen gepflastert war, die beiseite geräumt werden mussten.

Und so sehe ich euch nach wie vor Stein für Stein beiseite räumen, auch wenn sie euch noch so schwer erscheinen. Doch Pausen sollten auch eingelegt werden, damit ihr auf den Weg, der hinter euch liegt, gelegentlich noch einmal zurückblicken könnt. Es macht Mut, weiter zu machen, wenn ihr glaubt, es sei nun genug der vielen Arbeit, und euch gerne für eine Weile hinter einem Felsen verstecken möchtet, was durchaus in Ordnung ist – eben für eine kleine Weile.

Doch trotz der Müdigkeit, die manche von euch manchmal verspüren, ist das Ergebnis der vielen Arbeit, die ein jeder von euch bisher geleistet hat, wundervoll. Ihr habt meine höchste Achtung. Und dabei schließe ich auch die Menschen ein, die sich gerade auf den Weg begeben haben und dabei sind, bewusst zu werden. Euch allen gebührt wahrlich die höchste Achtung.

Ich bitte euch, auch jetzt wieder meinen Segen und meine Liebe anzunehmen.

Nun bin ich da, um euch mit Mikay bekannt zu machen. Er hat im Moment noch sehr großen Respekt vor euch Menschen, der ihn daran hindert, direkt auf euch zuzugehen. Er ist deshalb ein wenig unsicher, sodass er mich bat, ihn vorzustellen. Und er hat mich darum gebeten, bei der Übersetzung seiner Worte zu helfen, was ich natürlich mit viel Freude tue. Ihr wisst ja, wenn Engel um Hilfe gebeten werden, eilen sie hilfsbereit und voller Freude herbei.

Doch ich möchte die Gelegenheit auch dazu nutzen, euch für die Bereitschaft zu danken, ein anderes Denken in Betracht zu ziehen. Bei fast allen Menschen ist durch das, was sie bisher hier gelesen haben, eine Türe zu einem Denken geöffnet worden, das sie schrittweise ihren Wert besser erkennen lässt und so hilft, das Denken auf dem ganzen Planeten dahingehend zu verändern.

Es werden für immer mehr Menschen diese Türen geöffnet, und das geschieht ganz nebenbei durch die Strahlkraft der Gedanken vorausgehender Menschen. Um euch das deutlich zu machen: Seid ihr zum Beispiel schlecht gelaunt und eure Gedanken haben diese Schwingung, so wird euch in den meisten Fällen auch der Nachbar in dieser Schwingung begegnen. Und genauso verhält es sich mit den höher schwingenden Gedanken: Die Schwingung wird erkannt, die Gedanken beider Menschen begegnen sich, um sich zu verbinden.

Das ist so ein Geschenk, dass ich wahrlich vor Freude gerührt bin! Und ich sehe, dass es allen, die bei mir sind, ebenso geht. Und auch ihr Dank für die von euch eingeleitete Entwicklung!

Mikay, das wundervolle Wesen, steht neben mir und ist voller Freude darüber, dass er es bis hierher geschafft hat, was seine weite Reise angeht. Er lebt auf einem Planeten, der das Ebenbild eurer Erde sein könnte. Doch er ist kleiner als eurer und befindet sich am Rande eurer Galaxie, sodass ihr mit den Transportfahrzeugen, die euch zurzeit zur Verfügung stehen, wohl kaum einen Fuß dorthin setzen werdet. Doch auch Mikays Gefährten fehlen Transportfahrzeuge, die es möglich machen würden, euch in eurer physischen Welt in ihren eigenen physischen Körpern direkt erreichen zu können.

Vywamus hat Mikay mit einem Raumschiff zu euch gebracht. Das heißt, in die Erdatmosphäre. Von dort musste Mikay, um euch näher sein zu können, eine Energiebahn hinunterrutschen, die ihn sehr schnell so nahe zu euch gebracht hat, dass er sich an die Umstellung der Schwingungen erst noch gewöhnen muss. Diese sind auf seinem Planeten nämlich schon wesentlich höher, als sie es bei euch sind.

Ihr Lieben, jetzt ist es soweit, dass er selbst zu euch sprechen möchte. Denn er hat den Respekt vor euch in eine Bahn gelenkt, mit der er besser umgehen kann.

Ich bleibe zwar zugegen, doch übergebe ich jetzt Mikay das Wort:

Liebe Menschen, ihr seid wie Schwestern und Brüder für mich. Ich wollte, ich könnte euch ein Foto von mir zeigen! Und ich wollte ebenso gerne die Manifestationsgesetze beherrschen, die ihr beherrscht. So kann ich euch nur im Verborgenen begegnen, weil mir die Festigkeit in meiner Körperlichkeit fehlt. Ich lebe in einem feinstofflichen Körper, der schwerer ist als ein Engelskörper, doch auch wieder leichter als ein Menschenkörper. Vielleicht kann der eine oder andere von euch mich ja trotzdem sehen.

Ich erfahre erst hier bei euch, wie wichtig gleichklingende Schwingungen sein können. Nur weil ich zu hoch schwinge, ist unsere körperliche Begegnung ausgeschlossen. Ist das schade! Ich hatte mir vorgestellt, euch berühren zu können und uns von Auge zu Auge gegenüberstehen zu können, so wie wir es unter uns auch können. Mir wird von Syskaah erklärt, dass auch diese Zeit, in der das geschehen kann, näher ist, als wir alle denken. Ich wünsche diese Zeit bald herbei.

Ich lasse meine Worte von Engel Syskaah übersetzen, da ich eure Sprache zwar verstehe, das heißt, eure Gedanken erkenne, doch das Sprechen nur ein ganz klein wenig beherrsche. Darum versteht bitte, dass ich um Übersetzung gebeten habe.

(Ich lasse hin und wieder Mikays nette Versuche, eure Sprache anzuwenden, bei meiner Übersetzung stehen. Ich denke, sie führen euch noch näher zueinander. Syskaah.)

Ich soll allen Menschen Grüße von den Bewohnern von Uranus, meinem Heimatplaneten, ausrichten. Ich habe dort viele Brüder und Schwestern, die so ähnlich aussehen wie ich. Und ich sehe so ähnlich aus wie die Menschen. Doch ich bin nur einen Meter und etwas mehr groß, und ich habe eine gelbe Gesichtsfarbe. Ein wenig wie die Sonne, die wir auch sehen können. Unsere Gesichter haben die Form großer Herzen und sind faltenlos, sehen ansonsten so ähnlich aus wie eure. Die Kopfform ist rund, so wie eure auch, doch größer, vielleicht wie ein Fußball, und unsere Augen, die ein besonders schönes Merkmal unserer Rasse sind, sind handtellergroß, ca. 10 cm im Durchmesser, und kreisrund. Mit den Augen können wir auch hinter uns sehen, ohne uns umdrehen zu müssen. Sie arbeiten wie Computer. Sie sind lichtdurchtränkt und strahlend hellblau. Zur Mitte hin verändert sich die Farbe zu violett. Der violette Kreis beträgt nur noch 2cm im Durchmesser. Doch der violette Kreis schimmert mit viel Gold, eben durch das viele Licht, das schon durch uns fließt. Wir sind Wesen, die sich immer freuen wollen, und meistens können wir das auch.

Wir haben auch eine Nase, ein wenig platter als eure, und einen kleinen Mund. Auch Zähne sind bei uns da, wo eure auch sind. Wir essen nämlich auch und brauchen unsere Zähne. Doch essen wir nur das, was uns der Wald an Beeren und Wurzeln schenkt. Das ist sehr viel, und manchmal ist es sogar zuviel. Die Reste vergraben wir, und daraus wird dann bald wieder neues Essen. Unsere Zähne bleiben immer schön weiß und gesund, so lange wie wir auch den Körper haben. Wir helfen neuen Lichtwesen, auf unsere Heimat zu kommen, so wie ihr das auf der Erde auch tut. Ihr nennt das „Kinder zur Welt bringen". Die Kinder sind Lichtwesen, so wie ihr doch auch.

Wir haben Haare auf dem Kopf wie ihr. Bunt. Jeder hat andere Farbzusammenstellungen, so wie ich es auch bei euch sehe. Sie sind meist lockig und lang bis auf die Schultern. Meine Haare sind dunkelbraun mit Goldton oben auf und glatt bis zu meinen Schultern. Meine Haut ist mit Kleidung bedeckt. Darunter ist mein Körper genauso gebaut wie eurer, doch auch er ist faltenfrei. Die Farbe der Haut ist grüngelb und samtig glatt.

Alle aus unserer Rasse sind klein, so wie ich. Unsere Kleidung hat die Form von langen Hosen, und darüber tragen wir lange Umhänge, die bis zum Knie reichen. Auch die Frauen tragen Hosen. Der Stoff ist aus einem weichen Material, das Ähnlichkeit mit eurem Samt hat, und es gibt ihn in vielen Farben. Diese sind leuchtender, als ihr eure Farben kennt, doch auch so vielfältig wie eure Farbpalette. Es ist ein leichterer Stoff, als es der Samt bei euch ist. Wir laufen ohne Schuhe, sind also immer direkt mit der Erde verbunden. Wir pflegen einen sehr guten Kontakt zu ihr, und wir helfen uns gegenseitig in allen Bereichen, wo wir eben Hilfe brauchen.

Bei uns ist das Klima sehr mild. Die irdischen Winter mit Eis und Schnee sind uns vom Erleben her unbekannt, doch wir wissen Vieles über das Wetter auf eurer Erde. Wir wissen überhaupt sehr Vieles, weil wir darin geschult sind, Gedanken von anderen Lebewesen auffangen zu können. Doch wir dürfen sie nur dann nutzen, wenn sie zum Wohle aller Lebewesen gedacht wurden. In dem Falle verbinden wir sie mit unseren. Dazu müssen wir immer um Erlaubnis fragen. Das tun wir in den höheren Ebenen bei eurer Führung. Alle Wesen haben höhere Führungen. Das gefällt mir gut. Trotzdem müssen alle Lebewesen daran arbeiten, dass sie irgendwann mal selbst die Führung für sich selbst übernehmen können.

Wir üben Berufe aus, die sich hauptsächlich mit Naturforschung befassen. Die Heilkräfte der Pflanzen sind für uns hochinteressant. Denn sie können wirklich alle Zellerkrankungen heilen. Technik ist für uns überflüssig, denn wir verlassen unseren Planeten nur sehr selten und dafür dürfen wir dann öffentliche Raumfahrzeuge benutzen, die immer mal wieder bei uns anhalten.

Wir können sie mental rufen, wenn wir sie dringend benötigen sollten.

Was gibt es noch über uns zu sagen? Ach ja, unsere Wohnstätten. Sie werden immer am Wasser gebaut. Und dahinter müssen Wälder sein, weil sie für uns die Gärten sind, in denen unsere Nahrungsmittel wachsen. Die Häuser sind aus Felsen gebaut, die man hier findet und die sich selbst zum Bau der Häuser zur Verfügung stellen. Ja, wie soll ich die Wohnstätten beschreiben? Sie haben alle Formen, die ihr kennt. Einfach eingerichtet sind wir, denn wir leben meist draußen. Teppiche, die wunderschön bunt gewebt sind, auch aus Material, das wir im Wald finden, liegen auf unseren Fußböden. Wir sitzen auf diesen Teppichen, um zu essen, zu trinken, zu erzählen und um freundlich miteinander zu sein. Was ihr an Möbeln in euren Häusern aufstellt, fehlt bei uns. Wir brauchen für Gemütlichkeit nur Teppiche. Ach, und ja, schlafen fällt bei uns ganz aus. Denn wir haben regelmäßig eine Zeit, in der wir auf unseren Teppichen meditieren, so nennt ihr das, habe ich gehört. Danach sind wir immer erholt.

Mein Sprachausdruck wird immer besser. Eure Sprache zu lernen, ist doch einfacher, als ich zuerst dachte.

Habe ich jetzt genug über uns erzählt?

Könnt ihr euch uns jetzt vorstellen?

Syskaah hat mir die Informationen gegeben, die ich noch brauchte, um eure Lebensweise besser zu verstehen.

Petronella fragt gerade, wie wir von einem zum anderen Nachbarn gelangen, so ohne Fahrzeuge?

Wir laufen. Das können wir sehr schnell, viel schneller als ihr. Bei euren Olympischen Spielen wären wir immer die Sieger. (Hat mir Syskaah gerade verraten.)

Ich freue mich, ihr seid ja wirklich an uns interessiert! Das ist ein schönes Geschenk für mich. Denn ich kam hierher und musste erfahren, dass die meisten Menschen Angst vor Außerirdischen haben und deren Existenz am liebsten übersehen würden. Doch ich spüre, dass ihr mich angstfrei fühlt. Ich bin doch hier, weil ich euch lieb haben will – und das tue ich doch schon.

Von unserem Planeten habe ich schon erzählt, wir haben ähnliche Landschaften und auch die Pflanzen sehen ähnlich aus wie eure. Aus diesem Grund allein könnte ich mich bei euch schon sehr wohlfühlen. Doch die unterschiedlichen Schwingungen erschweren mir ein richtiges Landen bei euch, und ja, ich muss erst noch lernen, meinen Körper schwerer zu machen, um bei euch landen zu können. Das habe ich euch ja auch schon gesagt.

Hm, ihr sagt dieselbe Bedeutung mit verschiedenen Worten?!?

Auf unserem Heimatplaneten fehlen die Begrenzungen in einzelne Länder. Hier ist alles offen und jeder kann jederzeit überallhin, wenn er will. Das ist gut, denn so fällt Streit immer wieder ganz schnell zusammen. Wir haben uns alle von Herzen lieb. Das können wir besser, als die Menschen dies im Moment können.

Ich bin auch zu euch gekommen, weil ihr doch wahrscheinlich demnächst auch bei der Friedensmission mitarbeitet. Oh, Vywamus hat euch darüber noch zuwenig gesagt? Dann war ich jetzt zu schnell. Ich bitte um Verzeihung.

Ich sollte in den Krieg ziehen und kämpfen. Doch das ist mir wenig Freude. Da habe ich eine andere Aufgabe gewählt, die auch Frieden zu erlangen, versprochen hat. So bin ich jetzt bei euch. Das ist nötig, weil unsere Heimat ebenso bedroht wird wie eure.

Wir hatten uns für einen friedfertigen Planeten entschieden, ihn allerdings Reisenden geöffnet. Unter diesen Reisenden waren leider auch Wesen, die uns unterdrücken wollten. Unserem Nachbarplaneten erging es vor einiger Zeit ebenso. Und ihm haben einige von eurer Rasse so wundervoll geholfen, dass wir glauben, ihr seid auch uns gegenüber so verbunden, dass ihr auch bei uns mithelft, die Unterdrückung zu stoppen. Die Unterdrücker sind schon in großer Zahl bei uns eingereist. Deshalb sind wir dazu gebracht worden, etwas zu unternehmen. Hm, vielleicht ist das ja nur passiert, damit wir uns besser kennenlernen. Könnte ja so sein.

Vielleicht glaubt ihr ja, ich erzähle euch hier ein Märchen. Doch ich spreche von unserer Not, denn wir sind einfach der großen, bedrückenden Kraft zuwenig gewachsen. Zwar sind ganz viele Lichter bei uns, die helfen, den Planeten stabil zu halten, doch durch den Botschafter von Uranius, das ist unser Nachbarplanet, haben wir genauere Informationen über euch erhalten. Und sie schienen uns eine Lösung zu versprechen, die Fremden mit den bedrückenden Absichten zurückschicken zu können.

Wir müssen sie bei uns lassen, weil wir ein Gesetz haben, das allen Besuchern Gastfreundschaft zusichert. Doch sie müssen selbst gehen, wenn sie erkennen, dass die Schwingungen zu hoch für sie sind, weil sie die hohen Schwingungen für ihr Leben meiden müssen. Es genügen schon wenige Menschen, die uns über ihre Gedanken ein wenig Licht senden. Ja, es geht nur um die Schwingungserhöhung. Dabei wird sich alles für alle gut lösen lassen.

Ich glaube, dass in unserer Galaxie in der nächsten Zeit viel Krieg herrschen wird, weil es Kräfte gibt, die hier zerstören möchten. Es ist im Moment viel Wut bei ihnen zu spüren. Und wir können deshalb nur darum bitten, dass uns geholfen wird, sie zurückzuweisen. Zurückweisung ist zwar schade für uns, denn wir möchten es anders haben.

Wenn es Menschen gibt, die uns helfen, das Licht zu verstärken, vielleicht ist dann ja der alte uns bekannte Zustand dadurch schneller wiederhergestellt, als wir uns das im Moment vorstellen können. Und vielleicht helft ihr ja auch gerne mit, damit wir wieder leben können, wie wir es uns gedacht hatten.

Noch eine kleine Bitte habe ich, vielleicht können wir ja gemeinsam an einer Straße bauen, die unsere Planeten verbindet. Sie würde aus reinem Licht bestehen und so eine Schranke bilden, durch die nur helle Gedanken strömen können. Denn sollte ein dunkler Gedanke dort hindurch wollen, so würde er sofort beleuchtet und würde zu Licht. Das könnten wir gemeinsam gut schaffen.

Ich weiß zwar, dass euch nur wenig bewusst ist, wie stark ihr seid. Darum sage ich es euch ja. Und ich bitte darum, uns immer wieder Gedanken der Liebe zu schicken, die auch zurück zur Erde fließen und ihr auch helfen. Wir verhalten uns für euch ebenso. Wir sind jetzt Planetenschwestern und -brüder. Jede friedfertige Zusammenkunft mit anderen Wesen macht uns zu Schwestern und Brüdern. Das ist auch ein Gesetz bei uns. Ich finde dies sehr schön.

Und Geschwister halten bei uns zusammen. Bei euch doch auch, oder? Ich weiß, dass es so ist, wenn ihr alles bereinigt habt, was die Verbundenheit zwischen euch stört. Das ist ganz einfach, ihr werdet sehen.

Wenn ihr an dem Bau der Straße auch Freude habt, so lasst uns bald damit beginnen. Wir müssen uns eine lange Strecke vorstellen, auf der gleichzeitig von jeder Seite immer wieder Lichtblöcke aneinandergesetzt werden, bis wir in der Mitte zusammentreffen. Wir tun es in Meditationen. Ihr könnt das auch. Und dann können wir uns auch gegenseitig besuchen.

Macht ihr mit?

Meine Verehrung und Dankbarkeit ist meine Bezahlung. Ist sie euch angenehm? Als Gastgeschenk lasse ich euch die Grüße aller Wesen von Uranus, auch der Wesen, die unsere Natur hüten, da. Dieses Geschenk müsst ihr langsam auspacken, es wird euch Freude machen.

Ich bleibe noch bis Weihnachten hier, lasse dann ein Gedankentelefon zurück, und dann könnt ihr mit mir auch sprechen, wenn ich wieder in meiner Heimat bin. Denn verstehen kann ich euch, das sagte ich ja schon. Und wenn ich antworten möchte, werden wir sicher jemanden finden, der auch mich versteht, und dann können wir euch die Antwort irgendwie übertragen.

Viel Freude in der nächsten Zeit für euch Menschen! Es ist ganz schön aufregend bei euch.

Ich mag euch sehr.

Bitte entschuldigt, wenn ich irgendwelche Regeln bei euch übertreten haben sollte. Ich habe nur freundliche Absichten.

Ich danke auch Syskaah sehr für die viele Hilfe. Ich hab sie auch sehr lieb.

Ich bin euer intergalaktischer Bruder

Mikay vom Planeten Uranus

Friedensdemonstration in der Galaxie nahe der Erde – von Vywamus

✳ ✳ ✳ ✳ ✳

Ich umarme euch wieder, meine geliebten Freunde, und bitte euch auch wieder, meine Schwingung wirken zu lassen.

Dadurch dass ihr durch die vielen Wesen, die in diesem Buch Durchgaben machen, so vielen unterschiedlichen Schwingungen ausgesetzt seid, ist es schon wichtig, dass ihr euch, bevor ihr das nächste Kapitel lest, gedanklich auf die Wesenheit einstellt, deren Worte ihr nun lesen werdet, um ihre Schwingung anzunehmen.

Es könnte vielleicht sein, dass der eine oder andere, der sich erst noch mit dem schnellen Wechsel dieser Art von Schwingungen vertraut machen muss, die Unterschiede durch Schwindelgefühle wahrnimmt. Ich möchte euch ein Gefühl von zu schnellem Auf und Ab wie beim Aufzugfahren ersparen. Denn das ist das, was ihr, bildlich gesehen, durch die unterschiedlich hohen Schwingungen erfahrt, wenn ihr ihnen zuwenig Zeit lasst, sich euch zu nähern. Ihr spürt selbst, wie lange dieser kleine Prozess bei euch dauert.

Habt ihr Mikay auch als liebenswertes Kind Gottes erkannt? Ich glaube, ja. In eurer Galaxie existieren sehr viele Planeten, auf denen überaus freundliche und liebenswerte Außerirdische leben. Manche von ihnen würden sich wundern, wenn sie eure aus Angst geborene Ablehnung spüren würden. Andere wiederum wissen davon und bleiben euch fern, weil sie euch auch in diesem Entwicklungsstadium achten. Sie wissen, dass sich die Angst verlieren wird. Denn sie selbst haben ähnliche Erfahrungen gemacht.

Uranus ist der Erde sehr ähnlich. Weil sich die dunklen Mächte von der Erde zurückziehen müssen, so haben sie sich bereits ersatzweise nach einem ähnlichen Planeten umgesehen. Das ist der Grund, warum sie sich auf Uranus niederlassen wollten. Doch Mikays Gedanke, dass ihr euch durch diese Entwicklung kennenlernen solltet, hat auch etwas für sich. Wir alle helfen ja dabei, unsere Verbundenheit besser zu erkennen, indem wir gemeinsam, auch mit den dunklen Wesenheiten, Situationen erschaffen, die uns dieses Geschenk schließlich bescheren werden.

Erzengel Michael hat euch berichtet, dass um die Erde herum ein Lichtkranz zu ihrem Schutz entstanden ist. Er wächst stetig an. Und zu unserer ganz besonderen Freude hat sich nun auch Meister Serapis Bey und die Weiße Bruderschaft als geschlossene Einheit dazugesellt, die den dunklen Mächten in friedfertiger Absicht entgegentritt. Ihr findet bei unserer Lichtschranke mittlerweile alle euch bekannten Engel und Aufgestiegenen Meister, wofür ich von Herzen danke.

Serapis Bey lenkt den Weißen Strahl so, dass er die Lichtschranke für Wesen, deren Absichten der Erde schaden könnten, undurchlässig werden lässt. Dies ist für uns alle eine sehr große Hilfe. Denn der Weiße Strahl hat für diesen Zweck die stärkste Wirkung.

Serapis Bey hat sich auch bereit erklärt, mit den Vertretern der dunklen Mächte ein Gespräch zu führen, was dort zuerst mit großer Besorgnis aufgenommen wurde, jetzt jedoch begrüßt wird.

Seht, in diesem Buch stelle ich sie in ein wenig freundliches Licht, und sie fühlen sich allein dadurch sehr zurückgewiesen. Bedenkt bitte, wie lange sie schon für die dunkle Seite tätig sind. Für sie ist es noch schwerer, dort abzudanken, als es für die Menschen ist, ihren göttlichen Selbstwert anzuerkennen. Bedenkt, wie lange ihr gebraucht habt, bis ihr euch nur den Gedanken daran überhaupt zugestehen konntet!

Als wir damit begonnen haben, den Lichtkranz zu bilden, haben wir auch viele Bewohner anderer Planeten angesprochen, deren

Lebensgrundlage Frieden ist, um sie zu bitten, ihre Energie ebenfalls zum Aufbau des Schutzstreifens einzubringen. Und alle waren bereit dazu und haben mitgeholfen.

Ich bedanke mich an dieser Stelle noch einmal öffentlich bei all den liebenswerten Geschöpfen und bei der Erde und ja, auch bei euch, ihr Lieben, die ihr alle dazu beigetragen habt, uns wieder miteinander zu verbinden. Doch ich möchte an dieser Stelle auch den dunklen Mächten danken, die uns auf ihre Art ebenso dabei unterstützt haben.

Ihr würdet kaum glauben, wie sehr die Erde inzwischen im Bewusstsein aller galaktischen Bewohner ist! Denn der Aufstieg eines kosmischen Kindes (so nennen die kosmischen Bewohner die Planeten und Sterne) ist zum einen immer sehr interessant zu verfolgen, und zum anderen wird diesem Wesen aus den benachbarten Wohngebieten, doch zunehmend auch aus weiter entfernten Gebieten, viel zu gerne Hilfe gewährt, weil die Wesen dort sehr gerne helfen.

Ihr werdet von so vielen Wesenheiten geliebt, und es werden immer mehr, die euch ihre Aufmerksamkeit schenken und euch Liebe schicken. Und die Liebe von so vielen Wesen verbreitert auch automatisch den Schutzstreifen um die Erde.

Die Mitglieder der Friedensmission haben, als sich immer mehr dunkle Wesenheiten in die Nähe der Erde begeben haben, durch ihre Botschafter Kontakt zu den Botschaftern der dunklen Mächte aufgenommen , erst einmal um zu erfahren, was das bedeuten sollte.

Seht, ihr Lieben, wir können zwar Gedanken lesen, achten jedoch den Schutzwall, den Wesen um ihre Gedanken betten, wenn sie in ihren Absichten und Handlungen unerkannt bleiben wollen.

Auch wenn wir alle das Spiel in etwa durchschauen konnten, wollten wir Klarheit über die zu erwartenden Handlungen der anderen Mächte haben. Die haben wir sehr schnell bekommen.

Das Erste, was wir gemeinsam tun, wenn eine solche Absicht zu erkennen ist, ist, dass wir so viele Mitglieder zusammenrufen, wie wir erreichen können. Wir bereiten mit den Mitgliedern des inneren Kreises zunächst eine Demonstration vor. Diese Mitglieder müssen immer erreichbar sein. Allein die Zahl der Mitglieder des inneren Kreises umfasst mittlerweile mehr als eine Million Wesenheiten unterschiedlichster physischer Formen. Und die Mitgliederzahl steigt stetig an. Das ist insofern interessant, weil dadurch hier auch die Zahl der Lichtwesen größer ist als die der dunklen Wesenheiten, was letztendlich bedeutet, dass sie sich zurückziehen.

Dem inneren Kreis anzugehören, bedeutet, dass man sich verpflichtet hat, ihm in allen Bereichen seines Wirkens sein Wissen und seine Fähigkeiten zur Verfügung zu stellen. Man verpflichtet sich hier für die Zeit, in der man mit Freude und Liebe zu allem steht, was zu tun ist. Aussteigen kann jeder immer dann, wenn er die Zeit für gekommen hält. Doch bisher sind alle geblieben, es sei denn, sie wollten ihre Inkarnation beenden. Hier wird ausschließlich freiwilliger Dienst für das Universum und dessen Lebewesen geleistet.

Außer den Mitgliedern des inneren Kreises gibt es weitere Mitglieder, die hier ihre Arbeit verrichten, manche mit Vergütung, andere ohne. Sie sind sozusagen angestellt. Auch diese Mitgliederzahl wächst stetig an. Es ist eine wahre Freude, zu sehen, wie sehr die Wesen in den Galaxien sich nach Frieden sehnen! Und in der Galaxie, die euch beheimatet, sind es noch weit mehr als in anderen.

Vielleicht erstaunt es euch, zu lesen, dass bei uns einige Mitglieder für ihre berufsmäßige Leistung innerhalb der Friedensmission sogar Vergütungen erhalten. Diese bekommen diejenigen, die erst dabei sind, zu lernen, ihre Wünsche zu manifestieren. Sie stehen noch außerhalb des inneren Kreises, denn diese Mitglieder müssen erst den Weg einer höheren Bewusstseinsentwicklung gehen, bevor sie sich dort einbringen können.

Mit dem, was wir kosmisches Gold nennen, können sie sich dann auch ihre Bedürfnisse und ebenfalls ihre Wünsche erfüllen. Das Gold ist zu Münzen geprägt und sieht übrigens fast so aus wie eure Münzen aus dem Mittelalter. Die Druckmotive unterscheiden sich allerdings. Es wird nur mit Münzen bezahlt, Scheine sind ohne Wert.

Die meisten Mitglieder sind immer abkömmlich, doch viele von ihnen sind auch mit bestimmten Aufträgen unterwegs. Und sehr häufig sind sie in den Gebieten der dunklen Mächte zu finden, manche inkognito und manche als bekannte Helfer der Friedensmission. Diejenigen, die in diesen Welten bereits bekannt sind, werden oft von den Wesen dort belächelt und bedrängt oder gar bedroht, wenn sie sich dort aufhalten.

Doch bisher sind alle Mitglieder genauso friedfertig zurückgekommen, wie sie vorher waren, also ohne Schaden zu nehmen. Das setzt natürlich voraus, dass sie die Phasen des Wankelmutes hinter sich gelassen haben müssen.

Die Mitglieder, die dort unterwegs sind, können nur selten von uns erreicht werden, es sei denn, dass sie so hochentwickelt sind, dass sie Botschaften auch durch den Schutzwall der Dunkelheit empfangen können. Das sagt schon, dass einige Mitglieder den Schutzgürtel dieser Mächte erst noch durchdringen lernen müssen.

Innerhalb der Friedensmission gibt es Schulen, an denen höherentwickelte Wesen unterrichten. Sie bringen den Mitgliedern bei, wie sie sich für ihre Aufgaben vorbereiten können. Doch um auch Liebe zu allen Wesenheiten der dunklen Welt empfinden zu können, dauert es eine Weile.

Die Ausbildung zum Botschafter beträgt nach irdischem Zeitmaß ca. 20 Jahre. Und dann folgen noch weitere Ausbildungen, die den Botschaftern helfen, ihre ganzheitliche Liebe so zu festigen, dass die Phase des Wankelmuts abgeschlossen ist. Sie sind dann in ihrer Lichtstruktur gefestigt und außerdem in der Lage, sich sehr weit mit ihrer Aura ausdehnen zu können. Dies wiederum ist wichtig, wenn sie mit den höherentwickelten dunklen Wesen verhandeln müssen.

Ihr könnt euch ebenfalls ausdehnen, versucht es einmal. Die Ausdehnung wird immer größer, je mehr man übt. Sie verleiht eurem Körpergefühl Leichtigkeit. Das erwähne ich für diejenigen, die erst jetzt versuchen, es bewusst zu tun. In der kommenden Meditation können wir, wenn ihr mögt, gemeinsam üben.

Es gibt noch weitere Unterrichtsfächer, unter anderem Psychologie. Ein sehr intensives Studium ist hier erforderlich, wenn unsere Mitglieder in dieser Wissenssparte tätig werden wollen.

Ich bin auch einer der Ausbilder der hohen Klassen, das habt ihr schon richtig vermutet. Und Psychologie, so nennt ihr dieses Wissensgebiet, ist eines meiner Fächer, das ich über alles liebe.

Wie sieht es nun aus, wenn wir eine Friedensdemonstration vorbereiten, und wie sieht sie aus, wenn sie dann schließlich auch stattfindet?

Das Hauptthema ist in etwa immer dasselbe. Denn es geht immer um Friedenserhaltung.

So haben wir uns für die Friedensdemonstration, die der Erde gewidmet ist, mental miteinander verbunden und einen Zeitpunkt ausgemacht, an dem möglichst viele Mitglieder in physischer Gestalt zugegen sein sollten. Der Ort des Treffens war die Hauptzentrale der Mission.

Euch nun zu beschreiben, wo sich die Zentrale genau befindet, erübrigt sich zum jetzigen Zeitpunkt, denn ihr kennt noch zuwenig von eurer Galaxie. Und eure diesbezügliche Landkarte ist noch voller leerer Stellen, wo sich bereits seit langem Ansiedlungen und Planeten befinden, die zwar feinstofflicher sind, also in höheren Dimensionen existieren, also für euch noch eine Weile unsichtbar bleiben werden.

Nun, wie auch immer, wir befinden uns näher am Planeten Mars als an der Erde. Um alle Mitglieder unterbringen zu können, hat die Zentrale kaum Platz, und manch eine Anreise würde zu lange dauern. Dafür gibt es überall in den Universen verteilt weitere Stationen, in denen ein Treffen stattfinden kann. Untereinander können wir telepathisch kommunizieren. Das können wir auch, ohne uns gegenüberstehen zu müssen, doch auch in der geistigen Welt wirkt die Gruppenenergie um ein

Vielfaches schwingungserhöhend. Und dadurch wiederum sind die Gesprächsergebnisse noch wirkungsvoller.

Und im Falle der Erdschwierigkeiten haben wir beschlossen, dass auch von den Mitgliedern, die sich weiter entfernt aufhielten, so viele wie möglich anreisen sollten. Die Unterbringung findet in solchen Fällen in riesigen Raumschiffen statt, die alle der Friedensstation gehören. Wir sind inzwischen eine gigantisch große Truppe geworden, die von den Bewohnern der verschiedenen Galaxien, soweit sie von uns gehört haben, geachtet, beachtet und sehr geliebt wird.

Wir werden auch immer häufiger um Rat gefragt, was uns zeigt, wie ernst wir genommen werden und, was noch wichtiger ist, wie ernst der Frieden genommen wird.

Die Zusammenkunft fand bereits statt. Doch bevor es dazu kam, mussten erst die dunklen Mächte in Aktion treten, um dadurch die Mitarbeiter der Friedensmission zu inzwischen ungewohnten Tätigkeiten zu veranlassen.

Denn vor dem jetzigen Ereignis herrschte eine ganze Weile Frieden, zumindest bis auf kleinere Ausrutscher, die kleinere Gruppen der dunklen Mächte immer wieder verursacht haben. Meist ging es dabei um Streitereien, die mit ein wenig Toleranz von beiden Seiten hätten behoben werden können. Da den dunklen Wesenheiten Toleranz immer gegen den Strich geht, so wird ihnen in solchen Fällen meist ein Angebot gemacht, das zumindest einen Teil ihrer Wünsche zufriedenstellt und die Ruhe erst einmal wieder einkehren kann.

Ich teile euch dies mit, weil ich euch damit aufzeigen möchte, dass immer ein Weg gefunden werden kann, den Frieden wieder herzustellen, und weniger deshalb, als euch zu zeigen, welch gute Wesen wir sind.

Wir sind es gewohnt, dass sich auch immer wieder Wesenheiten aus der dunklen Welt bei uns melden. Denn auch sie haben manchmal Probleme, bei deren Lösung sie uns um Hilfe bitten. Die Friedensmissionsstation ist für alle Wesen offen, die um Hilfe bitten. Wir arbeiten ganzheitlich, das heißt, für alle Wesen der verschiedenen Galaxien.

Diesmal war es ein wenig anders, denn viele dunkle Wesen haben sich sozusagen vor unserer Türe eingefunden, die eine schwere, schwarze Wand vor sich hertrugen, und dies ist immer ein Signal dafür, dass sie eine für uns wenig erfreuliche Absicht verfolgen. Sie waren eine ganze Weile weder ansprechbar noch haben sie irgendein Zeichen gegeben, dass sie Kontakt suchten. Sie blieben ganz einfach da und haben so versucht, Angst zu verbreiten.

Es ist eine ihrer Taktiken, so vorzugehen, und wenn ihre Anwesenheit lange genug andauert, so wissen wir, dass eine Handlung von uns ausgehen muss, damit diese Wesen hinterher eine Entschuldigung für ihre Taten vorbringen können.

Vielleicht scheint euch ein solches Vorgehen paradox, doch so spielt es sich in den verschiedenen Universen immer wieder ab. Und da wir wissen, dass zusätzlich zu ihrer Anwesenheit an unserer Friedensstation zum gleichen Zeitpunkt auch weitere dunkle Gruppen an anderen Orten stehen, um etwas in Gang zu setzen, was mit Sicherheit gegen die Gesetze verstößt, so werden wir Friedensvertreter aktiv.

Ihre Maßnahmen haben funktioniert, wir wurden aktiv, und darum danke ich allen dunklen Mächten, die zwar die Absicht hatten, viel Schaden anzurichten, doch trotzdem friedliche Aktivitäten in Bewegung gesetzt haben.

Die Demonstration des Friedens hat bereits begonnen, doch wir warten nun noch auf die *Menschen*, die sich ihr anschließen möchten. Wir haben vor, die Demonstration mit wechselnden Teilnehmern bis 2012 stattfinden zu lassen, und wenn es nötig sein wird, noch länger. Denn je länger sie andauert, umso mehr Wesenheiten erfahren von ihr und der Friedensvirus dehnt sich dadurch höchstwahrscheinlich noch weiter aus.

Die menschliche Vorstellung, wie eine solche Demonstration auszusehen hat, ist dem, was hier stattfindet, sehr ähnlich. Doch in einem unterscheidet sie sich. Denn die Plakate, auf denen ihr eure Parolen aufgeschrieben habt, unterscheiden sich von den unseren.

Unsere Demonstranten arbeiten auch hier wieder mit Schwingungen, mit Farben, die Energie erhöhen und dadurch höhere Schwingungen erzeugen, und mit liebevollen Bildern der Zukunft, die eure Erde und euch alle einschließen, so wie sie sich jeder von ihnen vorstellt. Von allen Plakaten, die übrigens aus einem ähnlich aussehenden Material bestehen wie irdisches Leinen, strahlt der reine Friede und die wundervolle Liebe zu allen Verbundenen aus und schafft so eine neuerliche Kette um den Strahlenkranz, der die Erde bereits umgibt. Und je mehr Kraft sich dort sammelt, umso mehr müssen die dunklen Mächte zurückweichen.

Das macht sie traurig. Und die Trauer schlägt sehr schnell in Wut um. Und so beginnen sie, sich andere Wohngebiete zu suchen, die bisher in Frieden lebten. Ihr habt an Uranus ein Beispiel. Doch es gibt noch andere Orte, die auf ihrem Plan stehen. Wir haben hier oben also alle Hände voll zu tun.

Ändert ihr nun eure Einstellung zu euch selbst, nehmt euren Selbstwert wieder an und erlaubt euch, eure Kraft wirken zu lassen, indem ihr euch auch erlaubt, an der Demonstration teilzunehmen, werdet ihr zu den gleichberechtigten Partnern, von denen ich bei meiner Begrüßung sprach. Und so ist die Erde auch für die Zukunft vor dunklen Mächten gefeit.

Mir ist natürlich bewusst, dass ihr noch ein wenig Zeit und vor allen Dingen Betreuung braucht, um dieses Ziel erreichen zu können. Dabei helfen alle, die ihr in diesem Buch antrefft, und auch alle anderen Lichtwesen, die ihr deswegen um Unterstützung ersucht habt.

Ja, meine Lieben, vielleicht wollt ihr in Zukunft ja auch andere Arbeiten verrichten, die uns sehr viel helfen würden. So ist zum Beispiel der Bau der Lichtstraße eine dieser Aufgaben. Und seid ihr interessiert, so werden euch weitere Botschaften erreichen, wie ihr uns unterstützen könnt.

Doch zuallererst ist eure Hilfe für die irdischen Belange vonnöten. Verbleibt dann noch Zeit, die ihr uns widmen möchtet, so werden wir sie sehr dankbar für uns in Anspruch nehmen.

Ich möchte noch etwas zur Schwerkraft sagen. Ich habe euch die Geschehnisse so geschildert, dass ihr vielleicht den Eindruck habt, dass hier eine ebenso starke Schwerkraft vorhanden ist wie auf der Erde. Es ist in den verschiedenen Galaxien sehr unterschiedlich. Schwerkraft hat mit Magnetismus zu tun, das ist euch ja hinreichend bekannt. So gibt es tatsächlich auch hier, auf der anderen Seite eures irdischen Vorhangs, Gebiete, die mehr Schwerkraft zur Verfügung haben als andere. Wir haben unsere Friedensmissionsstationen auch immer an Orten aufgebaut, die über einen Teil Schwerkraft verfügen. Denn unsere Mitarbeiter haben auch mit Materialien umzugehen, die sich an feststofflichen Orten befinden. Auch Raumschiffe halten ja zusammen, doch können sie durch alle Gebiete gleiten, ob mit oder ohne Schwerkraft. In ihnen sind Vorrichtungen im Material eingebaut, die sie in den schwerelosen Gebieten zusammenhalten.

Ich müsste nun einen professionellen Techniker hinzuziehen, der euch die ganze Struktur besser erklären könnte. Vielleicht tue ich dies später einmal. Und bei dieser Gelegenheit könnte ich euch dann auch genauer erzählen und beschreiben, wie es hier in unseren Welten aussieht. Das wäre sicherlich auch sehr interessant für euch. Ein ganzes Buch über Architektur in den Welträumen zu schreiben, würde mich auch erfreuen. Ihr seht, auch ich entwickle immer wieder neue Ideen. Und solange ihr euch noch in der menschlichen Inkarnation befindet, euch hinter dem Vorhang aufzuhalten habt, solange könnten euch auch Bücher solcher Art weiterhelfen, eure Bewusstheit auszuweiten, beziehungsweise euch an bestimmte Dinge zu erinnern, die ihr aus eurer kosmischen Heimat kennt.

Ich glaube, dass ihr im Moment erst einmal aufatmen möchtet, und daher verabschiede ich mich für den Moment und umarme euch wieder sehr herzlich.

In tiefer Liebe zu euch

Vywamus, der Gründer der intergalaktischen Friedensmission

(Die Sterne sind unser Erkennungssymbol.)

✻ ✻ ✻ ✻ ✻

Serapis Bey

Meine Verehrung, liebe Menschen, ich grüße euch. Bitte bleibt im Frieden.

Wie schön, dass ich so schnell wieder in Kontakt mit euch bin, ihr Lieben, die ihr mein Buch: *Ihr werdet mich lieben* gelesen habt (ch. falk-verlag, ISBN 978-3-89568-214-8.) Die Angabe ist für diejenigen von euch, denen es im Bücherschrank noch fehlt.

Doch ich freue mich ebenso über den Kontakt zu euch, die ihr es wahrscheinlich erst noch lesen werdet, und auch über diejenigen, die es ablehnen möchten. Obwohl, geht das überhaupt? Seid gesegnet, ihr lieben Menschen.

Zu meiner großen Freude haben auch die meisten von euch das Wasserrezept, welches ich in dem Buch an euch weitergegeben habe, angewandt. Es ist wirklich eine große Hilfe für euch.

„Ach, würden die dunklen Kräfte es doch auch anwenden", denken jetzt vielleicht einige von euch, die es kennen. Doch das ist im Moment noch viel zu früh für sie. Sie haben noch einiges zu tun, und das Wasser würde sie zu schnell umwandeln und das Geschehen im Kosmos in größtes Chaos verwandeln.

Denn wie ihr ja höchstwahrscheinlich wisst, geschieht alles zum rechten Zeitpunkt. Das bedeutet, dass der Mensch zwar seine Bereitschaft zu handeln zu dem Zeitpunkt, den er als den rechten erkennt, einbringen sollte, doch die Handlung selbst nur dann störungsfrei erfolgen kann, wenn alle Gestirne im richtigen Zenit stehen. Meist trifft ja beides zusammen, was natürlich zu einem zügigen Handeln verhilft und das bestmögliche Ergebnis verspricht.

Bei all dem Chaos, das hier herrscht, ist für das geübte Auge doch eine gewisse geordnete Struktur zu erkennen. Damit will ich sagen, dass manche Situationen durchaus berechenbar sind. Doch in dem vorliegenden Fall nahmen die Geschehnisse einen etwas anderen Verlauf, als gedacht. Und was wir in unsere Berechnung als das größte Plus mit aufgenommen hatten, war das veränderte menschliche Denken, das Friedfertigkeit als oberstes Gebot anerkannte. Doch ein Anerkennen einer Sache kann trotzdem Schwierigkeiten bereiten. Und so war es letztendlich ja auch.

Wir haben eure Schwierigkeiten, die übergroßen Ängste, die euch die Wesen der dunklen Mächte noch immer machten, zu wenig bedacht. Und ebensowenig haben wir die Entwicklung, die euch sorgenfrei in die Zukunft blicken ließ, beachtet. Sie wurde durch die immer wieder aufbauenden Botschaften hervorgerufen, leider auch durch die, die euch zur Ignoranz gegenüber den dunklen Wesen angeleitet haben.

Und solange in euch noch Strukturen sind, die ihr lieber zurückweisen wollt, haben auch die dunklen Mächte Interesse an euch. Also sage auch ich: Freunde, bitte löst diese Strukturen auf! Seht und hört sie euch an, dann verabschiedet sie und lasst sie gehen. Wiederholt dazu vielleicht die Meditation mit dem Spiegelsaal.

Scheint eine Situation verfahren zu sein, kann sie behoben werden. Denn da ja alles auch wieder in Situationen gebracht werden kann, die in eine andere Richtung weisen, die man dann nehmen kann, so hat sich eben jetzt auch eine Änderung ergeben.

Manchmal bewirkt eine kleine Schocktherapie, dass man aufwacht. Und mit diesem Buch hat Vywamus die Therapie bei einigen von euch angewandt und damit auch meiner Meinung nach die richtige Entscheidung getroffen. Denn der Mensch ist verantwortlich für das, was auf der Erde geschieht.

Und da er in den geistigen Lichtwelten um Hilfe ersucht hat, bedeutet dies für uns, auch in der Form zu helfen, wie es in diesem Buch bisher geschehen ist, beziehungsweise noch weiter geschieht. Und hierzu sollte auch auf die kosmische Entführung hingewiesen werden. Einfach weil ihr dadurch sehr mit dem menschlichen Verurteilungsmuster konfrontiert werdet und sehr viele bisher noch versteckte Muster in euch entdecken werdet. Und legt ihr nur einen kleinen Teil von ihnen am Ende der Geschichte ab, habt ihr eine wirkliche Meisterprüfung bestanden. Und ich weiß, dass viele Menschen sie spätestens am Ende des Buches bestanden haben werden.

Ich möchte euch noch einen Rat geben, wenn auch ungefragt: Bitte bedenkt bei allem, was ihr über die dunklen Wesen erfahrt, dass sie auch für euch Aufgaben erfüllen. Und auch dann, wenn es euch im Moment noch schwerfallen sollte, weil noch zuwenig Erkenntnis in euch wachgerufen ist, sendet ihnen Dank für das, was sie euch ermöglicht haben.

Bitte und Danke sagen, fällt so vielen Menschen schwer. Dabei ist es die einfachste Möglichkeit, dem anderen zu zeigen, dass man ihn und das, was er für einen tut, wahrnimmt. Es ist die einfachste Art, eine kleine Schwingungserhöhung zu erzielen. Die beiden Worte sollte jeder Mensch immer wieder anwenden. Sie bilden auch ein Sprungbrett, wenn Kommunikation gebraucht wird.

Und was das für die dunklen Wesen bedeutet, ist, dass sie sich beachtet fühlen und den Druck aus ihrem Verhalten nehmen können, heftigere Maßnahmen ergreifen zu müssen, um sich euch immer wieder bewusst zu machen.

Ich denke, dass es euch weiterhelfen kann, wenn ihr erkennt, dass auch die Lichtwesen den dunklen Wesen Achtung entgegenbringen und, soweit diese sich an die Regeln halten, auch helfen, diejenigen zu unterstützen, die es auch annehmen wollen.

Doch ich muss auch eingestehen, dass es im Kosmos zwar bekannt war, dass sich die Erde in die fünfte Dimension erhebt, jedoch versäumt wurde, dies den dunklen Wesen direkt mitzuteilen. Aus diesem Blickwinkel betrachtet, kann man sich vielleicht vorstellen, dass sie sich mit den Mitteln, die sie zur Verfügung haben, dagegen wehren wollten.

Ich wünsche euch ein gutes Gelingen für das neue Leben mit der wirklich veränderten Denkweise und umarme euch noch einmal.

Serapis Bey

Maria

Jesus und ich waren einst Mutter und Sohn, so habt ihr uns kennengelernt als die Märtyrer, die wir in jener Inkarnation gewesen sind. Ich spreche hier gerade auch für meinen damaligen Sohn, der jedoch gleich selbst zu euch sprechen wird.

Ich begrüße euch alle sehr herzlich mit dem legendären Kuss auf die Stirn, hinter der das Dritte Auge verborgen ist. Mir selbst war dies eine liebgewordene Geste, die ich in unserer Zeit damals sehr gern anwandte.

Ich spreche zu euch, weil ich euch erinnern möchte, erinnern an das, was seit unserer damaligen Geschichte geschehen ist.

Um Märtyrer sein zu können, bedarf es der Hilfe der dunklen Wesen. Und Märtyrertum bedeutet auch, dass die Menschen jemanden haben, nach dem sie sich richten können. Und sehr häufig ist auf diese Weise eine neue Glaubensrichtung entstanden, deren Zeit gekommen war. Ihr wisst, wovon ich spreche. Erkennt ihr hier ein Zusammenspiel der Mächte? Und erkennt ihr ebenfalls, dass die katholische Kirche, wenn einst auch anders gedacht, als sie sich dann schließlich entwickelte, nur durch dieses Märtyrertum entstehen konnte?

Es war an der Zeit, eine neue Glaubensrichtung ins Bewusstsein der Menschen zu bringen, damit sie sich wieder an ihre eigene Göttlichkeit erinnern konnten. Es war ein langer Weg, den sie seit dieser Zeit gegangen sind, die Menschen.

Für unsere Absichten haben die dunklen Mächte uns sehr gut gedient. Dafür danke ich ihnen von ganzem Herzen Und auch dafür, dass sie den Menschen ermöglicht haben, zu erkennen, dass die Liebe erstrebenswerter ist als die Kälte.

Ich möchte euch allen danken, denn ihr seid jetzt dabei, unseren damaligen Traum zu verwirklichen. Uns misslang es, weil wir das Gute, woran wir glaubten, durchsetzen wollten und während unserer Inkarnation vergessen hatten, dass sich der Mensch erst langsam in die Richtung entwickeln musste, die wir aufgezeigt hatten, und dass dazu auch die Zeit der Dunkelheit ausgelebt werden musste.

Wenn ihr das vielleicht einmal auf diese Weise betrachtet, so erkennt – und akzeptiert – ihr vielleicht auch, dass auch die dunklen Mächte ein Existenzrecht haben. Und versteht bitte, dass sie sich durch die Entwicklung der Erde mitsamt ihren Bewohnern sehr schlecht fühlen. Auch sie fühlen sich oft in der Opferrolle.

Um aus der Dunkelheit ins Licht wechseln zu können, müssen sie zunächst in der Lage sein, ihrer Wut ausschließlich mit Worten Ausdruck zu verleihen, ohne irgendwelche Taten folgen zu lassen oder Machtansprüche zu stellen.

Die hohen Räte der dunklen Mächte wissen dies. Und würden einige von ihnen auch gerne schon zu uns hinüberwechseln, so müssen sie doch ihre Stellung so lange beibehalten, wie es noch eine Wesenheit gibt, die Dunkelheit leben möchte. Selbst dann, wenn sie es gern anders haben würden. Sie haben einen Vertrag in den himmlischen Ebenen mit sich selbst geschlossen, der dies beinhaltete.

Und obwohl sie immer wieder vertragsbrüchig werden, so ist ihnen der mit sich selbst geschlossene Vertrag offenbar heilig, denn diesen haben sie bisher eingehalten.

Sie alle haben mein tiefstes Mitgefühl, denn ihr Weg ist wahrlich schwer.

Diese Wesen werden jetzt mit viel Licht konfrontiert, weit mehr als noch vor einiger Zeit. Das macht ihren Gefühlen der Trauer eine Türe auf, und da sie diese verschlossen halten und somit die Trauer immer wieder verdrängen müssen, entsteht noch mehr Wut in ihnen.

Das, um was ich euch bitten möchte, ist, dass ihr versucht, auch ihre Lage zu verstehen. Und dass ihr damit aufhört, mit dem Finger auf die sogenannten Bösen zu zeigen. Sie sind nun einmal da, auch mit unserer einstigen Einwilligung. Es ist wie beim Schachspielen. Weiße Figuren und schwarze Figuren. Nur so konnte in unseren Vorstellungen, die wir einst hatten, das Spiel gelingen.

Uns fehlte damals der Weitblick, der uns erkennen ließ, wohin das Ganze führen könnte. Es begann als Spaß, doch wohin hat er uns gebracht? Dass sie sich so weit von der Liebe entfernen müssten, war den dunklen Wesen damals ebenso wenig bewusst wie uns auf der Seite der Liebe.

Auch ich bitte euch darum, an euren Gedanken zu arbeiten. Überprüft sie immer wieder und erhöht ihre Schwingungen durch die Liebe, so oft es euch möglich ist. Denn dies ist die einzige Möglichkeit, den dauerhaften Frieden erreichen zu können.

Durch euer Vorbild werden sich immer mehr Menschen auf diesen Weg begeben, denn sie erkennen wieder, dass er ihnen die langersehnte Einheit schenkt und damit auch die Sicherheit gibt, die sie so lange und auf so vielen Wegen gesucht haben.

Ihr werdet in allen Botschaften darauf hingewiesen. Sie sind wahr. Bitte erkennt die Macht eurer Gedanken. Ihr könnt dies leicht nachprüfen, wenn ihr im Außen die Situationen beobachtet, die euch meist eine schnelle Antwort auf eure zuvor gedachten Gedanken geben.

Ich erfreue mich sehr an euch, liebe Kinder des Lichtes!

Ich verabschiede mich jetzt mit dem Kuss und einer Umarmung in dem Wissen, dass euch die Welt des Friedens zu Füßen liegt.

Eure Schwester

Maria

Jesus

Ich schließe mich den Worten meiner ehemaligen heißgeliebten Mutter an. Ihr kennt mich als Jesus, der sich bei den Menschen damals als der Sohn Gottes bekannt gemacht hat. Doch wer von euch hat dabei erkannt, dass ihr alle Söhne oder Töchter des Einen Gottes, der Quelle allen Seins seid? Obwohl ich es immer wieder gesagt habe, ist es im Bewusstsein der Menschen untergegangen. Und so haben wir oft aneinander vorbeigeredet.

Und weil ihr alle Gotteskinder seid, ebenso wie ich es einst auch war, begrüße ich euch alle als die Brüder und Schwestern, die wir alle sind.

Lasst die Gedanken und Worte bitte in euer Herz einfließen. Ich segne euch, doch erbitte ich auch euren Segen. Und so danke ich euch von ganzem Herzen und mit der heißen Liebe, die ich für euch empfinde.

Auch ich möchte etwas zu dem sagen, was sich in jüngster Zeit abgespielt hat. Es ist sehr tragisch für die dunklen Wesen, denn ihr Glaube ist aufs tiefste erschüttert worden. Und hier dürfen wir wohl alle Mitgefühl haben. Ihr Glaube, dass sie zumindest für die Zeit ihres Wirkens immer mit der Kraft der Lichtwesen gleichgestellt sein würden, ist erschüttert worden. Und so sehr sie sich auch für die Erde einbringen möchten, so sehr ist mit der Kraft, die mit eurer Hilfe immer stärker wird, ein für sie unüberbrückbares Hindernis entstanden.

Was sich auch abzeichnet, ist, dass immer mehr Wesen aus ihren Reihen aufgeben und sich darauf vorbereiten, wieder der Lichtwelt beizutreten. Dazu müssen sie viele Prüfungen ablegen und sich immer wieder neu entscheiden, ob sie dies auch wirklich wollen. Auch für diese Wesen bitte ich um euer Mitgefühl.

Mit der Friedensdemonstration für die Erde hat ein wirklich gigantischer Wechsel im Bewusstsein so vieler Wesen stattgefunden, der vollkommen neue Entwicklungsmöglichkeiten bietet. Es zeichnet sich nun ab, dass sich auch die planetaren Bewohner, die sehr isoliert gelebt haben, einem friedlichen Zusammenschluss zuwenden.

So kann erkannt werden, dass ein zuvor bedrohliches Ereignis in Licht aufgelöst werden kann, wenn sich nur viele Lichter zusammenfinden, um der scheinbaren Bedrohung gegenüberzutreten, was sie in sich zusammenfallen lässt.

Ich liebe euch so sehr, liebe Brüder und Schwestern, und ich danke euch, dass so viele von euch mithelfen, das Licht immer mehr zu verstärken.

Im Moment ist es die Erde, die unsere Hilfe benötigt. Der Planet Uranus benötigt sie ebenfalls. Hier könnt ihr die Hilfe jedoch mental geben, während ihr auf der Erde auch tatkräftig mit zupacken müsst. All die Naturkatastrophen und die zu Schaden gekommenen Menschen bedürfen eurer Taten, um sich einigermaßen von diesen schweren Schicksalsschlägen zu erholen. Doch ganz wird dies in den menschlichen Körpern wohl kaum möglich sein.

Das, was diese Menschen mitnehmen, wenn sie einst die Erde verlassen, ist tiefe Enttäuschung über ihr Schicksal. Denn die Wenigsten von ihnen sind erwacht. Und auf der anderen Seite stehe ich und viele Helfer der Engelwelt, doch auch die Helfer, die in den Vorstellungen der Andersgläubigen existieren, um ihnen allen weiterzuhelfen.

Euch bitte ich, eure Gedanken auch in diese Regionen zu senden, mit viel Liebe.

So ist meine Botschaft bei euch angekommen.

Ich danke euch noch einmal und drücke euch an mein Herz. Spürt bitte die Liebe, die ich für alle Wesen empfinde. Es ist Zeit, dass wir alle unseren Fokus wieder einmal darauf richten, unser Einssein zu erkennen.

Ich begleite euch beim Lesen des nun kommenden Kapitels, das von einer kosmischen Entführung handelt, die sehr bedeutsame Programmierungen in euch allen hinterlassen hat.

In Liebe

Euer Bruder *Jesus*

Eine kosmische Entführung
von Vywamus

Liebe Freunde, ich begrüße und umarme euch wieder voller Freude. Bitte gebt mir wieder einen Moment Zeit dazu. Ich danke euch.

✳ ✳ ✳ ✳ ✳

Bitte entspannt euch nun, soweit euch dies möglich ist. Denn was nun folgt, ist eine spannende Geschichte. Und auch aus dieser Geschichte mag jeder für sich das herausholen, was er möchte.

Die Geschichte, die ich euch nun erzähle, betrifft euch alle. Denn jeder Einzelne von euch hat in seiner Inkarnationsvergangenheit sehr ähnliche Erfahrungen gemacht, meine lieben, lieben Freunde! Doch wie es so ist bei allen Erfahrungen, so hat der eine natürlich mehr mit den Geschichten zu tun als der andere. Vielleicht ist es ja auch für euch interessant, zu versuchen, euch selbst und vielleicht auch eure Rolle in einigen oder einer einzelnen wiederzuerkennen.

Diese Geschichte ist weniger die Geschichte eines weniger schönen Märchens als ein Tatsachenbericht.
  In euren alten Märchen geschehen meist grausame Dinge, mit denen ihr bereits kleine Kinder konfrontiert und sie so auf die bösen Menschen in der bösen Welt aufmerksam gemacht habt. Bitte verzeiht mir, wenn ich einen Vergleich zwischen eurer realen Welt und der Märchenwelt ziehe. Denn ob Märchen oder Geschichte, es wiederholt sich weitestgehend in der für euch realen

Welt. Und viel zu oft erleben Kinder, die erwachsen geworden sind, eines oder mehrere dieser Märchen, wenn auch meist leicht abgewandelt, die ihnen einst vorgelesen worden sind.

Die Figuren dieser Geschichten verhalten sich meist ebenso, wie es die Menschen tun. Denn interessanterweise finden sich bei den Figuren in Geschichten die gleichen Strukturen, die sich auch bei den Menschen finden lassen.

Nun, sie sind von Menschen geschrieben worden, und deren Vorstellungen und Erfahrungen sind mit eingeflossen. Auch wenn die Art, wie sie geschrieben sind, oft literarisch wertvoll sein mag, so hat sich wohl kaum ein Erwachsener Gedanken darüber gemacht, welches Gedankengut dadurch bei den Kindern gefördert wird.

Und doch, jede Geschichte hat auch ihren Sinn. Und sei es, dass durchs Vorlesen bestimmte Strukturen, die vor der Neuen Zeit wichtig für den Lebensweg der Menschen waren, bei den Kindern angesprochen worden sind, die sich dann für ihr späteres Leben in ihnen entwickeln konnten.

Doch scheint sich die Zeit der alten Märchen zu verabschieden, denn gottlob werden heute auch schöne Märchen und Geschichten geschrieben, die es sich lohnt, euren Kindern vorzulesen, wodurch sich ihr Gedankengut mehr auf die heile Welt vorbereitet.

Dies ist umso wichtiger, als sich die Neue Zeit in diese Richtung bewegen will. Und die Kinder werden dadurch ein Grundpotenzial an Gedankengut in sich tragen, das in ihnen im späteren Leben immer wieder die Sehnsucht nach dieser heilen Welt ihrer Kindheitsgeschichten wachhält, sollte diese noch instabil sein. Und gerade die Kinder der Neuen Zeit finden hier einen Faden, an dem sie sich für die weitere Entwicklung auf der Erde orientieren können.

Die alte Zeit soll nun endgültig abgeschlossen werden, und darum ist es notwendig, dass sich die Menschen ein neues Potenzial an Gedankengut aufbauen, die alten Geschichten abschließen und sich frei für neue machen. Und das betrifft alle Generationen.

Doch Kinder benötigen dabei noch mehr Unterstützung als ein erwachsener Mensch.

Alles tun zu dürfen, was man möchte, wurde durch das Gesetz des freien Willens möglich gemacht. Dieser Wille ist vorrangig von den Lichtwesen zu achten – immer, doch auch von den dunklen Wesen, die sich jedoch die Freiheit nehmen, sich, wann immer sie wollen, gegen das Gesetz zu wenden.

Dass dies auch für sie Konsequenzen hat, verdrängen sie gerne aus ihrem Bewusstsein. Denn andernfalls wären sie bei dem, was sie zu tun haben, zu sehr abgelenkt. Ja, auch die dunklen Wesen haben einen hervorragend funktionierenden Verdrängungsmechanismus in ihr Körpersystem eingebaut, der meist noch viel intensiver bei ihnen wirkt, als es die Menschen bei sich erfahren. Denn den dunklen Wesen fehlt meist das schlechte Gewissen, an dem sich die meisten Menschen orientieren können. Ein Gewissen haben sie auch, sie sind schließlich ebenfalls Seelengeschöpfe, doch, wie gesagt, haben sie es verdrängt.

Wenn ein Wesen die Entwicklungsstufe erreicht hat, dass es erkennt, was es bedeutet, den freien Willen eines jeden Lebewesens zu achten, und auch so handelt, fehlt den dunklen Wesen jede Möglichkeit, Raum in seinem Bewusstsein einzunehmen. Denn mit dieser Erkenntnis und der Bereitschaft, die Erkenntnis in die Tat umzusetzen, ist eine Kraft verbunden, der die dunklen Wesen ausweichen, weil sie wissen, dass sie ihr immer unterliegen würden.

Es ist die Kraft, die geistige Lichtwesen verkörpern. Wäre es anders, so bräuchte doch jeder Engel und jedes geistige Lichtwesen mindestens *einen* Stahlschutzschild um sich herum. Und ich kann euch versichern, dass wir alle ohne dergleichen auskommen. Wir wirken durch unser Lichtsein.

Sind die erwachten Menschen sich erst wieder ihrer eigenen Göttlichkeit bewusst, so wächst diese Kraft in ihnen stetig an und sie werden wieder zu dem Lichtwesen, diesmal in menschlicher Gestalt, das sie von Natur aus sind.

Der Mensch hat es ein wenig schwerer mit der spirituellen Entwicklung als andere Wesen, die in weniger fester Materie existieren. Und darum bekommt er eine intensive Betreuung vieler Lichtwesen, damit er die sehr niedrigen Schwingungen aushalten kann, die in manchen Gebieten der Erde noch immer vorhanden sind.

Ihr wisst nun mittlerweile wieder fast alle, dass jeder Mensch in sich beide Seiten beheimatet, Licht und Dunkelheit. Jedoch fehlt den Menschen eine angeborene Harmonie beider Seiten, und so drückt der eine das Licht eben stärker aus und der andere lebt mehr nach den Gesetzen der Dunkelheit, wobei diese auch besagen, dass die Gesetze des Kosmos hin und wieder zu umgehen oder gar zu brechen sind.

Menschenrechtsgesetze, und damit verbunden die gleichen Rechte für Tiere, Pflanzen und die Erde, euren wundervollen Planeten, sind heilige Gesetze. Und dehnt ihr die Bedeutung dieser Gesetze auf die Belange aller kosmischen Sphären aus, so erkennt ihr die Heiligkeit dieser Gesetze vielleicht besser, als wenn ihr sie lediglich auf den irdischen Bereich anwendet. Das hat natürlich noch mit eurem mangelnden Selbstwertgefühl zu tun.

Diese Gesetze sind in den heiligen Sphären der hohen Ebenen im Kosmos entstanden.

Viele, die dies jetzt hier lesen, haben bei der Verfassung der Menschenrechtsgesetze, die auch in euren Grundgesetzen verankert sind, mitgeholfen. Ihre lichtvollen und weisen Gedanken waren an der Gesetzgebung im Kosmos, doch auch auf der Erde beteiligt. Und alle diesbezüglichen Gesetze haben bis heute Gültigkeit. Könnt ihr euch vorstellen, wie lange diese Gesetzgebung zurückliegt?

Ja, sie wurde erarbeitet, bevor die Inkarnationen und damit die damals noch bewusste Trennung von der Einheit begannen. Für die kosmischen Welten wurden jedoch weitere Gesetze verfasst. Sie waren so ausgelegt worden, dass sie garantieren mussten, dass jede Wesenheit auch alle Stufen dieser Gesetze durchlaufen würde. Und zwar so lange, bis sie auf ihrer jeweiligen Ebene begriffen hätte, was diese an Weisheit und an Würde, bezogen auf jedes Lebewesen, in sich barg. Und die Gesetze mussten gerecht sein für jedes einzelne Lebewesen.

Und jetzt könnten wir wieder über das Verständnis der meisten Menschen von Gerechtigkeit debattieren. Doch dies wird sich schon bald erübrigen. Denn wenn die Menschen durch ihre Bewusstseinserweiterung wieder den Zugang zu höherschwingenden Daseinsebenen erlangen, gelten auch wieder für sie diese kosmischen Gesetze und sie werden erkennen, dass sie eine sehr persönliche Auffassung von Gerechtigkeit vertreten haben, die andere Menschen durchaus als ungerecht empfinden können.

Bei der nun folgenden Geschichte wird euch dies wohl allen wieder bewusst werden. Die kosmischen Gesetze sind klar und deutlich verfasst. Wenn man sich mit ihnen befasst, wird man automatisch in Situationen gebracht, die einem diese Klarheit vor Augen führen.

Spätestens dann, wenn ihr erkennt, wie die Gesetze wirken, also die Klarheit auch erkannt habt, seid ihr wohl alle soweit, dass ihr ebenso erkennt, welche Macht in euch steckt, und ihr seid dann auch wieder bereit, eure Eigenverantwortung bis ins letzte Detail anzunehmen. Und dann werdet ihr beginnen, sofern ihr dies wollt, euer Leben und eure Umgebung mit völlig anderen Augen zu sehen.

Trotz all der Bewusstheit, die ihr schon erreicht habt, wird sich dann noch einmal eine große Türe in eurem Bewusstseinsfeld öffnen, hinter der ihr wirklich eine noch tiefere Sicht auf alle Dinge um euch herum haben werdet.

Das ist dann die Zeit, in der ihr auch wieder freiwillig mit den anderen Wesen aus dem Weltraum Kontakt haben möchtet, die ihr bis heute meist noch als „die Außerirdischen" abgelehnt habt. Und „Ufos" werden dann auch von den Menschen gesehen. Denn momentan gilt für das menschliche Auge, dass es nur das sehen darf, was auf der Erde auch sichtbar sein darf. Dies sind Vorgaben in den Spielregeln, die eingehalten werden sollten. Doch gottlob gab es immer schon Spielverderber.

Und spätestens dann werdet ihr auch die Naturgeister in ihren Körpern sehen können. Ich weiß, dass einige von euch, die Spielverderber eben, dies bereits jetzt können, doch viele Menschen sind immer noch sehr unsicher bezüglich ihren Wahrnehmungen, was sich jedoch im Laufe kürzester Zeit ändern wird.

Die Unsicherheiten sind sehr verständlich, schließlich seid ihr Nachkommen der Generation, die den Zweiten Weltkrieg mitgemacht hat. Zu der Zeit wurden solche Menschen in Isolierstationen zu Forschungszwecken eingekerkert. Und da waren auch Menschen dabei, die nach der damaligen Ahnenreihe Arier waren, doch aus irgendwelchen Gründen dem Regime unbequem geworden waren.

Fazit der damaligen Erfahrungen war: Wer das sieht, was verboten zu sehen ist, der wird aus der Gemeinschaft ausgeschlossen, gequält und schließlich umgebracht, nämlich dann, wenn alles im menschlichen Körper so weit aufgeschnitten und untersucht wurde (natürlich nach dem damaligen Wissensstand), dass er ausgedient hatte.

Da auch einige von euch zu diesen Menschen gehörten, die auf solche Weise missbraucht worden sind, habe ich euch noch einmal darauf hingewiesen. Und andere von euch waren diejenigen, die Hand an die Forschungsobjekte „Mensch" angelegt haben. Dies sei wertungsfrei erwähnt.

Um das, was gleich kommt, besser und vielleicht auch urteilsfrei aufnehmen zu können, wollte ich jedoch darauf hinweisen. Denn ich gehe davon aus, dass ihr eure Vorfahren geliebt habt, denn sie haben euch doch wahrscheinlich meist andere Seiten von sich gezeigt als die, mit denen die damaligen Opfer konfrontiert worden sind.

Aus dieser Zeit sind sehr viele Glaubenssätze in euch wirksam, die die Angst vor dem Anderssein immer wieder neu programmieren, denn ursprünglich stammen sie aus sehr alten Zeiten. Ich werde sie euch, bezogen auf ihren Ursprung in den alten Zeiten, in der nachfolgenden Meditation bekanntgeben.

Die Glaubenssätze sind aufgrund eures eigenen Sicherheitsdenkens von euch entwickelt worden durch Entscheidungen, die ihr in jener Zeit gefällt habt. Und ihr habt sie auch fleißig an eure Nachkommen weitergegeben, sodass man heute sagen kann: Ihr, die ihr einst die Erfahrungen gemacht habt, wolltet sichergehen, dass ihr auch in späteren Inkarnationen immer wieder daran erinnert werdet. Und glaubt mir, sie haben in der Tat eure folgenden Inkarnationen bis in die heutige hinein in gravierender Weise beeinflusst.

Ich bin mir dessen bewusst, dass jetzt in einigen von euch viel Trauer spürbar wird. Es ist eine Trauer, die sehr tief in euch verborgen war und für die ihr bisher ohne Erklärung geblieben seid. Doch sie kommt immer wieder einmal hoch und hinterlässt oft ein Gefühl der Unsicherheit und unterdrückter Angst. Bei einigen von euch ist es auch ein unheimliches Gefühl.

Diese Trauer hat ihren Ursprung noch weit vor den Erfahrungen aus Atlantis. Sie entstand in den Zeiten, in denen ihr in anderen galaktischen Ebenen und oftmals auch in anderen Körpern als in einem menschlichen gelebt habt.

Viele Menschen spüren diese Trauer als etwas Unheilvolles, etwas, das sie unter allen Umständen verdrängen möchten. Und sie haben im Laufe der vielen Inkarnationen Mechanismen entwickelt, die ihnen beim Verdrängen dieser Gefühle und vor allen Dingen beim Verdrängen der Erinnerungen sehr gut geholfen haben, bis heute. Die Straße des Vergessens ist auch aus diesem Grunde entstanden. Doch die Glaubenssätze wirken unabhängig von der Verdrängung.

Die Trauer immer wieder zu verdrängen, gelang euch allen bisher sehr gut. Doch durch die zunehmend höherschwingenden Energien ist dieser Mechanismus porös geworden. Und er wird immer brüchiger, bis er schließlich gänzlich aufgelöst sein wird. Der Mechanismus hat bisher auch bei all den anderen Ängsten gewirkt, jedoch weniger intensiv. Und mit Einsetzen der Zeit, in der die Violette Flamme aktiv wurde, hat sich für diese Angst die Endzeit angekündigt.

Ja, liebe Freunde, auch das bewirkt Transformation. Und dass ich nun die Geschichte erzählen kann, ebenso. Um sie ohne den

Mechanismus der Verurteilungsmuster lesen zu können, war ein gewisser Grad eurer Bewusstseinsentwicklung notwendig. Doch ich sehe trotz dieser Entwicklung bei einigen von euch immer noch Vorbehalte anderen Rassen gegenüber wirksam ihre Arbeit tun.

Macht euch bitte klar, dass es sich hier nur um alte Denkmuster handelt. Sie wurden, wie schon erwähnt, meist vorgegeben. Eure eigenen, die ihr vielleicht im jetzigen Leben durch neue Erfahrungen entwickelt habt, sind euch vielleicht bewusster, oder ihr habt auch sie tief in euch verborgen. Sie wirken, wie gesagt, trotzdem.

Die Vorgaben bezüglich der Denkmuster, nach denen ihr dann gelebt habt, haben meist dazu beigetragen, euren Lebensplan umsetzen zu können – für die Erfahrungen, die ihr machen wolltet. Und so gehörten auch die von euch gelebten Vorgaben zur Entwicklung aller Wesenheiten dazu. Vielleicht könnt ihr jetzt besser mit euch umgehen und euch eure Denkmuster genauer ansehen und sie schließlich ein wenig verändern.

In einer anderen Zeit, als die Erde gerade dabei war zu entstehen, doch kaum eine der Wesenheiten im Universum wusste, welche Entwicklungsmöglichkeiten sich dort entfalten würden, gab es andere Planeten, auf denen sich Lebewesen inkarniert und auch für feste Körperlichkeit entschieden hatten. Auf einem dieser Planeten hat sich die Entführung abgespielt und auf einem anderen das, was sich daraus entwickelt hat.

Sehr früh, an einem wunderschönen, sonnigen Morgen stand Lemo, bereits fertig angezogen, vor der Türe, die in sein sehr großes Haus führte. Lemo war der Hausherr. Er war ein junger Mann, der ein schönes Leben hätte führen können.

Er hatte sich verheiratet und eine Familie mit zwei Kindern gegründet. Und damals wurde es als Geschenk des Schöpfers angesehen, wenn ein Ehepaar Kinder bekam. Und waren die Kinder auch noch in männlichen und in weiblichen Körpern auf diesem Planeten angekommen, so fühlte man sich als Familie wirklich gesegnet.

Es waren verhältnismäßig wenig Bewohner auf diesem riesigen Planeten angesiedelt, der fast ebenso groß war wie die Erde. Mit wenig Bewohnern meine ich, dass sich dort zu dem Zeitpunkt, als die Geschichte begann, in etwa eine Million Wesen inkarniert hatten.

Um den Planeten an allen Orten vor fremden Wesen schützen zu können, war zuerst einmal dafür zu sorgen, dass möglichst viele Kinder geboren wurden. Denn diese versprachen ja, später weiteres Land zu besiedeln. Und hinzukam, dass Kinder für die Wesen dort kleine Götter verkörperten, die auch so behandelt wurden. Das heißt, sie wurden als vollwertige, ausgesprochen weise Wesen betrachtet, die den Anschluss an die göttlichen Sphären noch sehr bewusst hatten. Erzogen wurden sie zu sehr stolzen Wesen, die sich ihrer Abstammung bewusst waren und dadurch allen Schwierigkeiten, die ihnen vielleicht begegnen würden, trotzen können sollten.

Die Bewohner dieses Planeten glaubten an eine sehr hochentwickelte Wesenheit, nämlich den Schöpfer allen Lebens. Sie vertrauten ihm völlig. Und so legten sie voller Vertrauen ihr Leben in seine Hände.

Was die Wesen damals wussten, war, dass nach der Beendigung ihrer Inkarnation ein Weiterleben in anderen Ebenen erfolgen würde. Es gab zu diesem Zeitpunkt weder die Straße des Vergessens noch gab es Gründe, vergessen zu wollen. Man könnte also sagen, die Bewohner waren sich ihrer selbst und der Schöpfungsgeschichte sehr bewusst.

Zu den Bewohnern anderer Planeten gab es Kontakt. Man traf sich mal hier und mal dort. Das setzte voraus, dass es auch entsprechende Raumfahrzeuge gab, die dies möglich machten. Und so wie ihr heute Autos in fast jeder Familie habt, so gab es damals in fast jeder Familie Raumfahrzeuge.

Wir nannten sie Beffs. (Ich muss die damalige Sprache eurer angleichen, damit ihr die Worte auch aussprechen könnt.) Und ja, ich war Lemo. Das habt ihr bereits erraten, stimmt's?

Nun besaßen auch wir einen Beff, der genug Platz hatte, um die große Familie unterbringen zu können. Denn außer meiner

Frau und unseren Kindern lebten bei uns meine Eltern, mein Bruder, der sehr heiße Gefühle für meine Frau gehegt hat und mich liebend gerne auf den Mond geschossen hätte, um meine Stellung einnehmen zu können, und die Schwester meiner Frau, die sich wiederum sehr für meinen Bruder interessiert hat.

Das sind euch ja hinreichend bekannte Situationen. Nun, mich störten sie nur hin und wieder. Denn ich war der Liebe meiner Frau sehr sicher. Wäre ich ihrer Liebe weniger sicher gewesen, so hätte all das, was dann eines Tages passierte, wohl kaum geschehen können. Denn ich wäre wohl bei ihr geblieben.

Unser Haus war mit zehn Wohneinheiten ausgestattet, was sowohl Schlafraum, Wohnraum und Essraum beinhaltete. Zusätzlich gab es drei große Räume, die als Kinderzimmer genutzt werden konnten. Die Küche war ein riesiger Gemeinschaftsraum, in dem die meiste Zeit des Tages verbracht wurde – von den Frauen und Kindern. Unser Leben damals hatte sehr viel Ähnlichkeit mit dem, was ihr euch unter einem normalen irdischen Familienleben vorstellt.

Es waren nur vier Wohneinheiten von meiner Familie belegt, und somit war viel Raum für Besucher vorhanden. Und wir hatten viele Besucher, die immer mal wieder für längere Zeit bei uns wohnten. Die Besucher brachten sehr häufig ihre Ehefrauen und die Kinder mit. Der Rest ihrer Familien blieb auf deren Anwesen zurück, um es bewohnt aussehen zu lassen und somit dem Gesetz zu entsprechen, das besagte, dass nur unbewohnte Häuser von Fremden beschlagnahmt werden konnten.

Ebenso wie ihr hatten auch wir vier Jahreszeiten, die jeweils drei Monate andauerten, wenn wir auch einmal eure Zeitrechnung zu einem besseren Verständnis nutzen wollen. Ich habe den Frühling am meisten geliebt.

Ich denke, ich schreibe jetzt in der Ich-Form weiter, denn vielleicht könnt ihr dann etwas tiefer in die Geschichte hineintauchen und euch sogar in ihr wiederfinden. Zumindest verspreche ich mir davon, dass ihr unsere Verbundenheit besser erkennen könnt.

Den Planeten, über den ich hier berichte, gibt es noch und er ist, obwohl auch er tausendfache Zerstörungen seiner Oberfläche hinnehmen musste, noch immer wunderschön. Denn auch die Natur hat sich dort immer wieder in ihrer Schönheit entfalten können.

Die Jahreszeiten wechselten sanft von einer Periode in die andere. Die Heftigkeit, die ihr vom irdischen Wetter kennt, war uns unbekannt. Die Zerstörungen auf unserem Planeten erfolgten durch Taten fremder Eindringlinge. Es geschah jedoch äußerst selten, dass sich Fremdwesen mit zerstörerischen Absichten bei uns einfanden. Doch es gab solche Zeiten. Und weil alle das wussten, so blieben wir schon auf der Hut. Doch wir waren manchmal zu wenig Wesen, um dem Ansturm standhalten zu können, und hatten somit die Zerstörungen hinzunehmen. Um das in Zukunft vermeiden zu können, wollten wir uns ja auch möglichst schnell vermehren.

Es war weniger schlimm für uns als für euch, wenn die Gefahr bestand, dass wir getötet werden könnten, eben weil uns die Erfahrung der Todesangst fehlte. Doch da auch wir möglichst viele Erfahrungen machen wollten, die uns auch mit der für uns damals unvorstellbaren Todesangst konfrontieren würden, mussten wir ja auch immer wieder mit dem physischen Tod konfrontiert werden.

Obwohl die meisten unserer Rasse hellsichtig waren, dachte kaum jemand darüber nach, was uns alle noch erwarten würde. Wir vertrauten ja auch der Schöpfungsführung. Kurz gesagt, wir waren schon sehr blauäugig, was unsere Rasse auch tatsächlich war, bis aus den ersten sexuellen Verbindungen mit befreundeten Wesen von Nachbarplaneten Nachwuchs entstand, der dann auch anders aussah. Vermischungen der Rassen war auch bei uns üblich.

Wir hatten einen ähnlichen Körperbau, wie ihr ihn habt, doch waren unsere Schulterpartien breiter und unsere Arme und Beine länger. Trotzdem war die Ähnlichkeit des menschlichen Körpers aus der Zeit der Antike mit dem unseren aus der damaligen Zeit sehr auffällig. Ich denke, ihr würdet die Bewertung *schön* für unsere damalige Rasse wählen.

Wir besaßen einen überdurchschnittlich hohen IQ und waren sehr hellsichtig. Doch um die Aufgaben erfüllen zu können, die wir uns für unsere Inkarnation gestellt hatten, wären wir mit weit weniger Intelligenz zurechtgekommen. Und einigen von uns wurde ihre Existenz dort langweilig. Ich gehörte zu ihnen. Meine Aufgabe bestand darin, immer wieder Frieden herzustellen. Ich war eine Art Kreisrichter. Die Strafen, die ich verhängte, bedeuteten, dass diejenigen, die sich weniger freundlich zu ihren Mitbewohnern verhielten, ihnen eine Zeitlang von ihren Essensvorräten abzugeben hatten. Doch da wir alle genug zu essen hatten, was hauptsächlich Nahrung aus Getreideprodukten war, konnte man dies wohl kaum als Strafe bezeichnen.

Und so lebten alle in Frieden und Eintracht miteinander, bis auf die Zeiten, in denen Fremdwesen bei uns eindrangen, wie ich schon erzählte.

Unsere Kreativität in Architektur und Landschaftsbau war hervorragend. Die Materialien für Häuser bestanden meist aus Marmor, der genauso aussah wie eurer. Mein Haus war aus rosa- und grünfarbenem Marmor mit viel Metall, meist Gold, verziert. Statt Glas hatten wir ein Material zur Verfügung, das Licht und Sonne speicherte und so im Winter Wärme verbreiten konnte. Ja, wir hatten auch schon einiges an Technik, wonach ihr heute noch sucht. Denn das Material war durchsichtig und sah schon so aus wie eure heutigen Fenster, doch eben mit Wärmespeicher natürlicher Energien.

Ja. Und weil das alles so schön und langweilig war, wurde ich zunehmend unzufrieden mit dieser Situation. Ich ging also an dem besagten Morgen in den Wald, der direkt hinter dem See lag, der sich vor unserem Hausgarten befand. Meine Familie schlief noch. Doch mein kleiner Sohn war durch etwas wach geworden und lief mir hinterher in den Wald hinein. Es gab nur einen Weg, den ich immer wieder entlangging. Er führte mich zu einem Baum, der riesig hoch und sehr alt war. Seine Blätter sahen aus wie gefächerte Palmblätter, doch er gehörte einer anderen Familie an als eure Palmen.

Mein Sohn schlich hinter mir her. Er war gerade fünf Jahre alt geworden. Ich bemerkte ihn zwar, doch ließ ich ihn gewähren. Denn es war auch gleichzeitig ein Spiel für ihn, sich vor mir verstecken zu können. Und obwohl er wusste, dass ich ihn finden würde, machte ihm Verstecken-spielen Spaß.

Beim Baum angekommen, setzte ich mich auf den Boden und lehnte mich gegen den Stamm des Baumes.

Ich versuchte zu meditieren. Durch meinen kleinen Sohn wurde ich immer wieder abgelenkt. So rief ich ihn zu mir, und er setzte sich auf meinen Schoß.

Ich erzählte ihm, dass ich ihn bald verlassen müsste, denn in einer anderen Welt würden andere Aufgaben auf mich warten, denen ich nun nachgehen müsste. Er wäre bei seiner Mutter und den anderen Verwandten gut aufgehoben. Und sein kleiner Hund würde ihn bewachen. Hunde gab es bei uns auch. Doch obwohl es eine Rasse war, die dem heutigen Wolf sehr ähnlich sah, fehlte ihnen die Aggression der meisten Hunderassen auf der Erde. Ein Grund dafür war sicherlich, dass die Hunde auch immer genug Nahrung bekamen.

Der kleine Hund wäre also viel zu freundlich bei einer drohenden Gefahr gewesen, um irgendjemanden schützen zu können. Ich sagte noch zu meinem Sohn, er möge dann auch auf seine Mutter und seine Schwester, die gerade einige Monate alt war, aufpassen. Doch ich war geistig ein wenig abwesend und habe diese Dinge zu meinem Sohn gesagt, ohne mir dessen wirklich bewusst zu sein.

Für ihn war jedoch alles, was ich zu ihm sagte, wie ein Gesetz. Er liebte mich sehr und wollte ganz genau so werden, wie ich es ihm vorlebte. Er war zu klein, als dass er erkennen konnte, dass ich mich in einer Krise befand, die mich auf meinem Weg weiter antrieb. Wie sollte er auch, mir selbst war dies ja auch kaum bewusst. Und unter dem Baumdach, es war übrigens Frühling, saß ich nun und beschloss, meine Inkarnation zu beenden. All die Pläne, die ich mit meiner Frau gemacht hatte, waren mir inzwischen egal, doch ich vermied es, mit ihr darüber zu sprechen.

Es sei gesagt, dass ich schon sehr an mich dachte, denn es lief ja alles wie am Schnürchen bei uns, und da war für mich kaum etwas, das mich hätte auf andere Gedanken bringen können. Und jeder, der einmal in solch einer Situation steckt, interessiert sich nur noch am Rande für das, was um ihn herum geschieht. So dachte ich damals.

Ich sehe bei manchen Menschen, die alle irdischen Güter haben und gesund sind, eine ähnliche Einstellung. Doch zurück zu meinem damaligen Leben.

Seit dem Waldbesuch suchte ich nach Lösungen, wie ich am schnellsten meine Inkarnation beenden könnte. Ich wollte unter allen Umständen in eine höhere Ebene mit noch mehr Bewusstheit aufsteigen.

Die Entscheidung nahm mir mein Sohn ab. Denn er setzte sich hinter das Steuerruder unseres Beffs und setzte es in Bewegung. Ich hatte versäumt, es richtig abzusichern. Ich stand erstaunt, doch auch bewegungsunfähig vor dem Gefährt, das nun meinen Körper überrollte.

Der Schock, der meinen Sohn damals fast umgebracht hat, wirkte Jahrtausende in ihm nach. Und heute lebt er noch mit den Resten der damaligen Schockerfahrung. Ich sehe meine liebe Frau noch aus dem Haus laufen und ebenfalls einen Schock erleiden.

Mein Körper wurde in einem Marmorgrabmal aufgebettet, vor dem eine schwere Türe aus Gold befestigt wurde, die für alle Zeiten geschlossen bleiben sollte. Die Geschichte war umso tragischer, als sich mein damaliger Sohn sich die Schuld an meinem Tod gab und sie Tausende von Jahren, tief in sich verschlossen, weiter herumgetragen hat. Sein späteres Leben war dadurch in eine Bahn geschleudert worden, die es ihm ermöglichte, seiner unterdrückten Wut auf sich selbst, die der tödliche Unfall bei ihm ausgelöst hatte, Ausdruck verleihen zu können. Er wurde, als er alt genug war, ein Krieger. Doch bevor er dies wurde, geschah noch etwas, was ihn gänzlich den Boden unter den Füßen verlieren ließ.

Circa zwei Monate nach diesem Ereignis saß meine Frau mit ihrem kleinen Mädchen auf einer Bank am See und schaute traurig aufs Wasser hinaus. Unser Sohn befand sich etwas weiter weg in Hausnähe und schnitzte an einem Stock. Er wollte ein Spielzeug für seine Schwester basteln.

Plötzlich hörten sie über sich ein Geräusch und blickten nach oben. Dort senkte sich ein großes Beff herunter, ein Raumschiff. Es verdunkelte den See und unseren Garten und vermittelte meinem Sohn ein seltsames Gefühl, von dem er lieber Abstand genommen hätte. Er spürte zum ersten Mal Gefahr.

Nachdem das Raumschiff gelandet war, stieg ein Wesen aus, das einen sehr menschenähnlichen Körperbau hatte und unserer damaligen Rasse hätte angehören können. Dieses Wesen war mit einem bodenlangen schwarzen Umhang bekleidet, unter dem bei jeder Bewegung ein schwarz glänzender Anzug hervorlugte. Es war ein Raumanzug, der es ermöglichte, dass sein Träger in unterschiedlichste Schwingungsbereiche eindringen und sich dort sicher auf dem Boden bewegen konnte.

Dieses Wesen ging auf unseren Garten zu. Es war ein fremdes Wesen, und mein Sohn spürte die große Kälte, die mit dem Raumschiff in die Umgebung unseres Hauses einzog. Seltsamerweise fehlte dem Besucher die Eiseskälte in seiner Ausstrahlung, doch er spielte sie hervorragend. Womit ich meine, dass er seine innerliche Wärme hervorragend vor kalten Wesen verbergen konnte. Er war ein grandioser Schauspieler.

Das Wesen sprach zu meinem Sohn, der die fremden Laute allerdings noch zu wenig verstehen konnte. Und so musste sich der Fremde überall umsehen, ohne eine konkrete Antwort zu erhalten. Er suchte offensichtlich etwas. Ja, das tat er. Er suchte mich.

Und da er ohne Antwort bezüglich meines Aufenthaltsortes blieb, bewegte er sich in den Bereich des hinter dem Haus liegenden Gartens. Offensichtlich schien er unser Gesetz zu achten, welches Fremden verbot, ins Haus einzudringen, wenn es bewohnt schien.

Während er sich hinter dem Haus befand, liefen andere Wesen aus dem Raumfahrzeug, die jedoch eine andere Rasse zu sein schienen, denn sie bewegten sich sehr ruckartig, so ähnlich, wie ihr es von Roboterspielzeugen kennt, auf meine Frau zu. Die Wesen waren genauso gekleidet wie der Sonderling, der sich nun im hinteren Garten befand.

Sie rissen meiner Frau das Kind aus den Armen und warfen es auf den Boden. Meine Frau zerrten sie über den Weg ins Raumfahrzeug. Vor Schreck scheinbar erstarrt, fehlte ihr jede Möglichkeit, sich zur Wehr zu setzen.

Mein Sohn sah das alles und wollte gerne helfen. Doch er wurde von dem Wesen, das jetzt wieder vor dem Haus auftauchte, zu Boden geschleudert. Nachdem es sich noch suchend umgesehen hatte, eilte es plötzlich zum Fahrzeug zurück, stieg ein mit einem letzten Blick auf den Ort des Geschehens und startete das Schiff. Es verschwand sehr schnell am Horizont, und mein Sohn sah seine Mutter erst wieder, als er seine Inkarnation beendet hatte.

Er hatte mir versprochen, auf die Familie aufzupassen. Nun hatte er in seinen Augen versagt. Das einzige, was er nun tun konnte, um den Rest der Familie zu retten, war, seine kleine Schwester vom Rand des Weges zum See aufzuheben, denn mit der kleinsten Bewegung wäre sie hineingefallen und ertrunken. So hat er wenigstens einen Teil seines Versprechens einhalten können.

Mein Sohn wurde von weit entfernt lebenden Verwandten abgeholt, die sich um seine weitere Ausbildung kümmern wollten. Was dann letztendlich dazu führte, dass er eine Art Soldat wurde.

Die damaligen Entscheidungen, die er bezüglich seines Traumas fällte, wirken noch heute in ihm nach. Er hat Angst vor Frauen, weil er entschieden hat, dass die Verantwortung für diese Spezies zu groß für ihn ist.

Obwohl er in all seinen Leben versuchte, auch mit Frauen festere Bindungen einzugehen, misslang ihm dies in allen Fällen. Und so konzentrierte er sich auf die Gemeinschaften mit Männern. Was an sich ja eine Alternative wäre, wenn die alten irdischen Zeiten noch Gültigkeit hätten. Doch in der Neuen Zeit, in der die Menschen beider Geschlechter wieder in Liebe zueinander finden sollten, wäre es sinnvoll, sich mit den Frauen zu versöhnen und die Angst vor Verantwortung bezüglich einer anderen Person abzulegen.

Verantwortung trägt man auch weiterhin für Kinder, bis sie erwachsen sind, und für Kranke, die sich nur mit menschlicher Hilfe versorgen können.

Ihr seht an diesem Beispiel, wie nachhaltig Entscheidungen wirken können. Und wenn ein Schock dabei im Spiel ist, wirken sie noch viel intensiver und noch nachhaltiger.

Doch nun möchte ich euch den Teil der Geschichte erzählen, den meine Frau von da an erlebte.

Ich hatte erwähnt, dass allen Bewohnern unseres Planeten bis dahin die Erfahrung der Todesangst fehlte. Nun, nach dieser Entführung, die sehr schnell bekannt wurde, begannen die Menschen, sich Sorgen zu machen und dann eines Tages auch Todesangst zu empfinden. Sie verloren das unbedingte Vertrauen, denn sie glaubten, dass ihr Schöpfer dies doch hätte verhindern müssen.

Kurz gesagt, sie sanken in ihrer Schwingung auf eine Ebene des Vergessens. Was bedeutete, dass sie sich dem Wissen um ihre Herkunft, um das Göttliche ihrer Wesenheit für die Zeit ihrer Inkarnation verschlossen. Ein Verdrängungsmechanismus war auch in unserer Zellprogrammierung vorhanden, doch er war so lange verschlossen, bis etwas geschah, was ihn in Gang setzen konnte. Nun war die Voraussetzung dafür geschaffen.

Eine Weile wartete man auf unserem Planeten noch auf Suliga, so nannte sich meine Frau, doch da sie fernblieb, begann man, sie nach den damaligen Vorstellungen für tot zu halten.

Was sie alle zu wenig gewusst hatten und nicht kannten waren die Aufgaben der Wesen der dunklen Seiten.

Da unsere Rasse ja auch Erfahrungen sammeln wollte, wie ich schon sagte, ist auch das wieder verständlich.

Suliga wurde im Raumschiff besonders freundlich behandelt, weil der Kommandant, eben jenes Wesen, das mich gesucht hatte, darauf bestand. Er konnte jedoch auch sehr grausam sein, wenn es seine Rolle von ihm verlangte.

Nun, er war mein bester Freund, mit dem ich Seite an Seite mehrere Inkarnationen durchlebt hatte. Diesmal waren wir wieder beisammen auf unserem Planeten, bis er erfuhr, dass es andere Wesen mit Absichten gab, die unsere Kultur höchstwahrscheinlich zerstören wollten.

Als junger Mann entschied er sich, die dunklen Wesen und einen Teil ihrer Welten zu erforschen. Doch dazu musste er sehr tief in ihre Systeme eindringen und richtig „böse" werden. Er war immer ein guter Schauspieler gewesen, doch von da an hatte er grandios zu sein.

Ich kann heute sagen, dass er wohl der beste Spion aller Zeiten und in allen Welten war.

Bevor er seine neue Rolle spielen konnte, musste er ein Angebot machen, das bewies, wie reif er für die Wesen und das Leben auf der anderen Seite war.

Darum hatten er und ich beschlossen, dass eine Entführung eines Bewohners unseres Planeten stattfinden sollte, so wie sie in etwa zunächst auch ablief. Doch ich hätte dabei sein und sie durch einen kurzen Kampf verhindern sollen. Wir waren doch auch in diesem Falle wieder zu blauäugig.

Es waren die Wesen der Kälte, die sich meine Frau ausgesucht hatten, um einerseits mich bis ins Mark zu treffen und andererseits die hohe Intelligenz meiner Frau zu manipulieren und sie von den Genen zu befreien, um damit ihre eigene Spezies auszustatten.

Weshalb sie mich treffen wollten, hatte damit zu tun, dass ich immer wieder Wege gefunden hatte, ein Eindringen ihrer Kräfte derart abzuschwächen, dass kein allzu großer Schaden für unsere Bevölkerung daraus entstand.

Doch der wichtigste Grund war der, dass sich ihr Führer für meine Frau als seine Lebensgefährtin entschieden hatte. Wir waren sozusagen Rivalen. Doch sie hatte sich nun einmal in mich verliebt. Und mein Rivale sah mich in allen Situationen, denen wir beide ausgesetzt waren, als den Sieger.

Doch wie auch immer, jetzt war meine Frau entführt worden.

Sie betrat den Planeten der kalten Wesen in einem gesunden Zustand. Mein Freund konnte dies so verkaufen, dass er die Wesen davon überzeugte, dass ihnen Suliga nur so von Nutzen sein konnte.

Zuerst wurde sie dem Führer vorgeführt und konnte sich noch einmal für ihn oder mich, der ich ja inzwischen auf anderen Ebenen zu Hause war, entscheiden. Sie war voller Wut über diese Entführung und weigerte sich, eine Entscheidung zugunsten des Führers zu treffen.

Der Hass, den der Führer daraufhin für Suliga empfand, setzte nun von seiner Seite eine ganze Reihe von Maßnahmen in Gang, die in Suliga schwerste Traumata, was ihre Weiblichkeit betraf, hinterließen.

Ihr Lebenssaft wurde gänzlich abgesaugt, und ihr Herz mitsamt den Organen von einer besonderen Art elektrischer Strahlen aufrechterhalten. Denn sie sollte weiterleben. Ihr Lebenssaft (dem menschlichen Blut sehr ähnlich) wurde, nachdem er untersucht worden war, wieder in den Körper zurückbefördert.

Doch er wurde so schnell in ihren Körper gepumpt, dass Suliga glaubte, ertrinken zu müssen. Und obwohl der Lebenssaft in die richtigen Gefäße geleitet wurde, hinterließ diese Maßnahme eine Vorstellung von Ertrinken. Jede ihrer Zellen wurde wieder mit dem Lebenssaft aufgefüllt und mit der Vorstellung des Ertrinkens programmiert. Und die Angst vor Ertrinken blieb ihr bis in ihre jetzige Inkarnation erhalten.

Sie war wieder schwanger, und man nahm ihr das ungeborene Wesen aus dem Uterus. Es wurde bei vollem Bewusstsein Suligas aus ihr herausgeschnitten. Sie schrie natürlich und versank dann in eine tiefe Ohnmacht. Ihre Entscheidung war in diesem Moment: Ich behalte dieses Kind, was immer auch geschieht. Und so hat sie das ungeborene Kind in ihren weiblichen Körpern immer wieder behalten, bis heute. Dies ist selbstverständlich eine feinstoffliche Geschichte. Doch betrifft sie viele Frauen, die ihrem Bauch erlauben anzuwachsen, eben nach außen auszusehen wie eine Schwangere. Und was euch vielleicht wundert, es betrifft auch Menschen, die jetzt in einem männlichen Körper leben. Denn auch sie haben weibliche Programmierungen in ihren Zellen, die noch aus ihren weiblichen Inkarnationen stammen.

In der Neuen Zeit ist es wichtig, sich von diesen Ungeborenen zu trennen.

Das werdende Kind wurde ebenfalls bis ins Detail untersucht. Die Wissenschaftler dieser Rasse waren sehr weit in der Forschung. Diese betraf Forschung an anderen Wesen, in der Absicht, deren Intelligenz zu stehlen und sie ihrer eigenen Rasse zuzuführen.

Es kam auch zu sexuellen Verbindungen, also Vergewaltigungen, die in der ersten Zeit der Führer vornahm und später die Mitarbeiter, eben wer gerade Lust dazu hatte. Suliga hat unbeschreibliche Schmerzen erlitten.

Sehr viele Menschen haben noch heute ein ähnliches Schicksal, manchmal in unterirdischen Bereichen der Erde, die diesmal jedoch von Menschen beherrscht werden.

Was wurde nun aus Suliga? Ich habe hier nur einige Missetaten erwähnt. Es gab weitere. Doch die ich erwähnt habe, wirken noch sehr nachhaltig in den Menschen, die ebensolche Erfahrungen gemacht haben. Und fast alle Menschen haben identische und ähnliche Erfahrungen gemacht. Und in vielen Leben haben sie Wiederholungen der Erfahrungen gemacht. Ich denke dabei an das Mittelalter. Doch ihr könnt sie auch in allen anderen Zeiten finden.

Nun, Suliga wurde letztendlich befreit.

Ich erfuhr von ihrer Entführung erst einige Zeit später. Mein Freund hatte mir die Nachricht auf vielen Umwegen zukommen lassen. In den Ebenen, in denen ich nun meiner inneren Einkehr mehr Aufmerksamkeit schenken konnte, erreichte mich die Nachricht und traf auch mich mit voller Wucht. Denn ich hatte immer noch eine sehr starke Liebesverbindung zu Suliga. Und meine Einkehr sollte mich von dieser Art Verbundenheit „heilen".

Was mir plötzlich wieder bewusst wurde und mich noch mehr erschreckte, war, dass diese Entführung ja auch von mir mitgeplant worden war. Ich hatte dies im Laufe der Zeit vergessen, weil so viele Jahre vergangen waren, ohne dass es zur Ausführung dieses Planes gekommen war.

Nachdem ich nach dem Schock meine Fähigkeit, rational zu denken, wiedergewonnen hatte, begann ich systematisch nach Wesen zu suchen, denen ich vertrauen konnte und die ich als meine Freunde betrachtete. Sie waren inzwischen auf vielen Planeten verteilt und in unterschiedlichen physischen Körpern. Sogar Echsenwesen waren darunter. Alle meine Freunde und auch die Freunde von ihnen erklärten sich bereit, Suliga zu befreien, was sehr schwierig war, denn sie wurde strengstens bewacht. Der Führer rechnete mit meinem Eingreifen. Ich will sagen, er wartete förmlich auf mich.

Ich hatte ein riesiges „Heer" aufgestellt. Und ich hatte gemeinsam mit einigen Freunden, die schon strategische Erfahrungen hatten, einen Plan erarbeitet, wie eine Befreiung erfolgen könnte.

Zu diesem Zweck ließ mir mein Freund, der nun bei den dunklen Wesen weilte, einen Plan zukommen, auf dem der Gebäudekomplex und der Raum, in dem Suliga gefangen war, aufgezeichnet waren.

Was nun kam, kennt ihr auch von der Erde und den Befreiungsversuchen von entführten Menschen. Es spielte sich alles so ähnlich ab wie bei euch. In euren Thrillern wird euch ebenfalls immer wieder gezeigt, wie so etwas gemacht wird.

Und so haben sich meine Freunde und ich mit äußerster Gewalt Zutritt zu dem Bereich verschafft, in dem Suliga, dem Tod näher als dem Leben, auf ihr Ende wartete.

Was wir als Retter der Frau, die ich so sehr geliebt habe, an Entscheidungen gefällt haben, ist ebenfalls sehr schwerwiegend und nachhaltig für diejenigen, die diese Entscheidungen noch immer leben, ohne sich ihrer bewusst zu sein.

Einige der wichtigsten sind:

Kalte Wesen sind immer und in jedem Falle auszulöschen. Das Gute hat immer zu siegen. Außerirdische sind böse und kalte Wesen. Sie töten uns und sie berauben uns. Sie haben ihre Lebensberechtigung verwirkt. Wir tun für den Schöpfer Gutes, wenn wir die Fremden umbringen. Ein Fremder hat immer Absichten, die uns schaden können. Immer schön bei der eigenen Rasse bleiben.

Vernichten, vernichten! Der Stärkere überlebt. Ich bin der Stärkere, der Bessere. Überall um mich herum sind Feinde. Ich muss mich verstecken. Ich will nicht entdeckt werden. Das Leben ist grausam. Freunde sind Feinde.

Vielleicht erkennt ihr ja, welche dieser Entscheidungen, und vielleicht noch andere, euch in eurem jetzigen Leben beeinträchtigen und wie sich diese Entscheidungen durch eure Leben und die eurer Verwandten aus den vorherigen Generationen ausgewirkt haben.

Doch was damals noch schlimmer bei euch wirkte, war die zuvor unbekannte Angst, die nun davor warnte, euch in etwas einzumischen, von dem ihr euch lieber fernhalten solltet. Denn die dunklen Wesen begannen sich nun auch für euch und vor allen Dingen eure Familien zu interessieren. Und die Angst in euch wurde euch dadurch erst richtig bewusst, und sie bewirkte, dass sich einige meiner ehemaligen Freunde von mir abzukehren begannen.

Suliga habe ich mit mir in die Ebenen genommen, in denen ich nun lebte. Sie wurde dort Priesterin und ging von da an in immer niedrigere Schwingungsebenen, um dort den weiblichen Wesen aus Situationen herauszuhelfen, die ihre Weiblichkeit immer wieder abtöteten. Doch da auch sie ihre Peiniger verflucht hatte, musste sie auch in anderen Leben mit Vergewaltigungen aller Art konfrontiert werden, ob als Opfer oder als Täter, denn sie war nun mit dem Gesetz des Karmas in Berührung gekommen, das sie in den irdischen Bereichen irgendwann zur Auflösung bringen wollte. Sie ist damals ihren Weg gegangen, den sie erfahren wollte, und hat sich nach dem karmischen Gesetz damit „strafbar" gemacht, was ihre Psyche schwer belastet hat.

Es erging vielen so, wie es Suliga erging. Auf anderen Planeten und durch andere Lebewesen ausgeführte Verbrechen wurden immer häufiger. Und noch heute geschehen solche Art Verbrechen an Tieren und an Menschen auf der Erde, vom Rest der Universen ganz zu schweigen. Auch dort geht es noch immer weiter.

Ja, liebe Freunde, erkennt ihr jetzt vielleicht etwas besser eure Gefühle und eure unterdrückten Ängste?

In der kommenden Meditation werden wir sie gemeinsam auflösen.

Ich danke denen, die mir damals bei der Befreiung geholfen haben, und erinnere sie daran, dass sie dies freiwillig getan haben. Doch ich weiß auch, dass die kalten Wesen ihnen den Virus der Angst vor ihnen eingesetzt haben.

Dieser Vorfall war der Beginn, die menschliche Rasse zu gründen, die mit allen Grundtypen, die lichte und dunkle Strukturen gebildet haben, ausgestattet wurde. Und es begann die Jagd auf das Böse, um es zu besiegen. Die Wesen der Lichtwelten begannen nach Wegen zu suchen, Verbrechen jeder Art zu beenden.

Das ist die Entwicklung in sehr groben Zügen, die nach dieser Entführung begann.

Für die Evolution ist die Vermischung verschiedener Rassen sicher wichtig gewesen. Und hierbei haben eben auch die dunklen Wesen geholfen. Denn auch sie hatten in den folgenden Generationen und unterschiedlichen Rassen Gene zu hinterlassen.

Und ich möchte den dunklen Wesen noch einmal für ihre Arbeit auch bezüglich der Entführungen danken.

Wir alle hatten unsere Lebenswege zu leben. Wie jedoch, das musste jeder selbst entdecken. Und so hatten die dunklen Wesen auch ihre Wege gefunden, und sie glaubten an ihr Recht, alles auszuprobieren zu dürfen, um ihren Beitrag zur Evolution zu leisten.

Doch denken wir alle darüber nach, so erkennen wir vielleicht auch, dass ein Erforschen andersdenkender Wesen auch auf friedliche und schmerzlose Weise erfolgen kann. Und je weiter die Zeit voranschreitet, umso mehr Menschen werden sich der friedfertigen Forschung widmen. Denn die Achtung vor jedem Lebewesen hat immer Priorität und wird wieder allen Lebewesen bewusst. Auch diese Bewusstheit bringt die Neue Zeit durch ihre Schwingung in Bewegung.

Was mich betraf, so legte diese Geschichte den Grundstein für die Friedensmissionsstation. Ich hatte nach diesen Vorfällen in den anderen Ebenen Muße, mich mit den Hintergründen zu befassen, und begann mit der Erforschung der Seelenstrukturen und der, die in den inkarnierten Wesen angelegt waren. Ich ließ mich in höheren Ebenen zum Botschafter ausbilden, dem die Achtung vor allem Leben in sein ganzes Sein überging.

Bezüglich der erwähnten Glaubenssätze bitte ich euch, schaut euch um, liebe Freunde, wie geht die Masse der Menschen mit ihrem Respekt voreinander und der Achtung vor dem Leben um? Hat sich an den Glaubensstrukturen von damals bis zu eurer heutigen Zeit viel verändert?

Und so weise ich noch einmal darauf hin, dass eine andere, neue Welt mit eurem anderen Denken beginnt und nur so in Zukunft das möglich wird, wovon die meisten Menschen träumen.

Lasst uns nun die Meditation beginnen, meine von Herzen geliebten Freunde, und vergebt auch ihr mir meine damalige Unwissenheit.

Ich segne euch

Vywamus

✳ ✳ ✳ ✳ ✳

Meditation mit Vywamus

Ihr habt bereits einige Therapieformen entwickelt, die euch mit Ängsten konfrontieren und sie schließlich durch die Konfrontation und das Erkennen der Ursache auflösen. Über diesen Weg löst sich auch nach und nach der Verdrängungsmechanismus auf, der ausgedient hat, sobald ihr euch von euren Ängsten löst. Es gibt sehr wirkungsvolle Methoden, die ich sehr begrüße. Und je mehr von ihnen angeboten werden, umso mehr Menschen werden auch erreicht werden können.

Und für einige von euch bewirkt dies vielleicht unsere jetzige Meditation.

Bitte macht euch jetzt noch einmal die erwähnten Glaubenssätze bewusst, die ihr für euch erkannt habt, und vielleicht auch die, die ihr noch selbst bezüglich andersdenkender Menschen in euch entdeckt habt. Ich möchte sie mit euch gemeinsam beleuchten und euch die Möglichkeit geben, sie dann aufzulösen.

Und ich möchte ebenfalls das, was jeder für sich unter Gerechtigkeit versteht, noch einmal in dieser Meditation beleuchten. Vielleicht seid ihr ja auch hier bereit, sie nun im ganzheitlichen Sinne zu verstehen.

Macht euch nun bitte bereit und, wenn ihr mögt, auch eure Umgebung, in der ihr meditieren möchtet. Dann bitte ich um eure Erlaubnis, bei euch Platz nehmen zu dürfen. Spürt bitte meine Schwingung und kommt nun langsam zur Ruhe.

Atmet ruhig und tief in euren Solar-Plexus ein und aus, langsam wieder ein und aus und immer wieder, bis ihr euch wirklich ruhig und entspannt fühlt. Dann legt eure Hände auf euren Unterbauch und lasst auch hier die Entspannung ankommen.

Nun seht über euch ein goldenes Licht, das sich langsam eurem Körper nähert. Lasst es ganz zu euch herabschweben und euch dann durchdringen. Jede Faser eures feinstofflichen Körpers sollte sich dem Licht anvertrauen. Dieses Licht bringt euch Frieden. Erlaubt ihm, sich in euch auszubreiten und schließlich auch euren festen Körper zu durchdringen, und spürt dann auch in ihn hinein.

Jetzt spreche ich zu euch.

„Ihr habt alles richtig gemacht, alles, was ihr je getan habt, war richtig."

Schaut euch nun an, wie euer Körper auf diese Aussage reagiert. Kommt eine Angst in euch hoch, kommt Unmut oder gar Wut in euch hoch, oder ist es Verzweiflung?

Seht euch an, wie eure Reaktion ist, und gebt ihr Zeit zu wirken.

Jetzt denkt an die göttliche Kraft. Wie ist eure Reaktion nun? Lasst den Gedanken wirken, stellt euch die göttliche Kraft vor, wie sie Gestalt annimmt. Seht diese Gestalt auf euch zukommen und bittet sie, euch gegenüber Platz zu nehmen. Bittet sie weiter, euch in ihr Licht einzuhüllen und euch noch mehr Frieden zu geben.

Bleibt in diesem Frieden und in dem göttlichen Licht.

Lasst alles geschehen, was nun geschieht. Weint, wenn es euch überkommt, oder lacht oder tut genau das, was euch in diesem Moment überkommt.

Gebt euch Zeit für diese Reaktionen.

Wenn ihr euch wieder beruhigt habt, bittet die göttliche Kraft darum, eure Fragen zu beantworten.

Beginnt mit der Frage, warum sie alles zugelassen hat, was sich die Menschen gegenseitig angetan haben. Und fragt weiter, warum es beide Seiten geben musste, die dunkle und die helle.

Wartet auf Antwort. Vielleicht bekommt ihr sie auch ohne Worte, nur mit einem Gefühl. Doch vielleicht besteht die Antwort auch darin, dass ihr auch weiterhin nur Frieden verspürt.

Nehmt das, was euch gegeben wird, dankbar an.

Und jetzt fragt, warum eure Sicht von Gerechtigkeit sich oft so sehr von der anderer Wesen unterscheidet. Wartet auch jetzt wieder auf eine Antwort. Alle Antworten sind tief in euch verborgen, auf jede Frage, die ihr stellen möchtet. Es braucht nur einen Anstoß, der sie für euch erkennbar macht.

Überprüft jetzt bitte, ob ihr bereit seid, ein anderes Denkmuster zu installieren. Ist es so, dann bittet jetzt die göttliche Kraft darum, mit euch gemeinsam die Zellprogrammierungen von den für euren Lebensweg hinderlichen Glaubenssätzen zu reinigen. Macht den Zellen Platz für ein neues Denkmuster, das euch besser dient und somit auch wieder der Ganzheit.
Bittet die göttliche Kraft, euch dabei zu helfen, die Verbundenheit allen Seins wieder zu erkennen, bittet sie, euch zu helfen, Sein zu erfahren – jetzt.

Es wird vielleicht für jeden von euch anders erfahrbar, denn das Leben ist auch Sein, jedoch in einer anderen Form.
Überlasst der göttlichen Kraft, wie sie euch euer Sein zu zeigen gedenkt.

Nun bittet die göttliche Kraft darum, euch bei eurer Anerkennung der dunklen Macht zu unterstützen. Denn sowohl ihr als auch sie wissen nun wieder, dass die Zeit ihrer Existenz irgendwann vorüber ist. Und vielleicht hilft euch dieses Wissen, auch ihre Widerstände verstehen zu können.

Habt ihr jetzt noch weitere Fragen, so stellt sie bitte.
Seid ihr fertig, so bittet das göttliche Wesen, dem ihr noch immer gegenübersitzt, darum, euch eine Botschaft zu geben.
Nehmt sie dankbar an und dann bedankt und verabschiedet euch von diesem Wesen.
Bleibt noch eine Weile in dieser Schwingung und kommt dann langsam wieder zurück in euer Leben.
Immer wenn euch wieder Zellprogrammierungen auffallen, die ihr auflösen möchtet, solltet ihr vielleicht wieder diese Meditation

machen. Erfahrungsgemäß kommen immer mehr von diesen Programmierungen ans Licht, auch schon dadurch, dass dies die Zeit der Transformation einfach mit sich bringt.

Ich schließe euch in meine Arme und, wenn ihr mögt, halte ich euch so lange, bis ihr wieder bereit seid, alleine weiterzugehen.

Vywamus

✸ ✸ ✸ ✸ ✸

Drei, die nach Erfüllung suchen

Wir kommen aus der dunklen Welt und bitten um Gehör.

Doch was kann man euch schon erzählen, euch, die so gut sein wollen und die sich mit aller Kraft gegen uns stemmen. Würdet ihr uns jemals verstehen? Euer Verhalten tut uns drei Wesen aus den dunklen Welten weh. Immerhin spüren wir den Herzschmerz schon wieder. Und wir wissen von vielen anderen aus unserer Welt, denen es ebenso ergeht.

Ihr seid nur eine zahlenmäßig kleine Gruppe von all den Menschen, die es auf der Erde gibt, die wir im Moment erreichen können, denn die meisten Menschen verachten uns. Sie verdammen uns in die tiefsten Tiefen der Hölle, und was vielleicht noch schlimmer ist, sie weigern sich auch noch immer, sich selbst wirklich anzusehen und dadurch bewusster zu werden. Vywamus sagt, das müssen sie noch wegen ihrer Rollen, die sie noch zu spielen haben. Gut, darum sprechen wir eben jetzt mit euch. Hoffentlich hört ihr uns ja zu.

Wir werden selbst von den Gruppen von Menschen, die auf der Erde „böse" Taten ausführen, verachtet. Sie sagen, dass sie die Taten für ihren höchsten Gott ausführen und die „Schlechten" auszurotten haben. Und dass sie dafür belohnt werden. Welch verdrehtes Denken! Natürlich arbeiten sie alle für Gott, das tut jeder von euch, und wir tun das doch auch.

Die Schlechten sollen ausgerottet werden. Ich weiß, dass doch jeder, der einen Mord begeht, in dem Moment zu den Schlechten gehört. Wie können einige von ihnen denn glauben, dass sie damit Gutes tun und dafür auch noch im Himmel belohnt werden? Wie denken die Menschen denn bloß? Und das soll einer von uns auch noch verstehen! Sie bitten uns um Hilfe dabei, auch ihr anderen, ihr Guten, tut das immer mal wieder, und als Dank lehnt ihr uns dann ab. Wenn überhaupt, darf es uns in der menschlichen Vorstellung wohl nur als Teufel geben. So etwas macht doch wütend, oder geht es euch anders, wenn ihr euch missbraucht fühlt?

Warum habt ihr euch moralisch so über uns gestellt und uns so verdrängt?

Seid ihr denn wirklich besser als wir? Es fällt mir schwer, das zu glauben, wenn ich sehe, was die Menschen so alles an Taten in ihren Gedanken vollbringen. Vywamus sagt, es kommt auf die Gefühle an, die zu den Gedanken führen, und dass sie meist unterdrückt werden. Mit den Gefühlen tue ich mich noch immer schwer. Und es gibt mir ein besseres Gefühl, wenn ich hören darf, dass es so vielen Menschen auch so ergeht.

Durch eure Hochnäsigkeit habt ihr uns immer wütender gemacht. Wir mussten uns einfach wehren. Doch je mehr wir uns gewehrt haben, umso mehr habt ihr uns verachtet.

Wir sind doch auch Brüder und Schwestern von euch, so wurde es uns jedenfalls beigebracht. Na ja, ich sehe schon, Brüder und Schwestern bekriegen sich auf der Erde ja auch meistens. Wir können Vieles über eine Art Bildschirm sehen und eure Gedanken einfangen, daher kriegen wir hier Vieles mit. Nur mit dem Verstehen, wie das alles bei euch so funktioniert, ist es schwerer für uns. Denn manchmal glaube ich, wir sind ehrlicher, als ihr es seid. Vielleicht bin ich jetzt traurig? Das ist ein neues Gefühl für mich, und ich sehe, dass auch meine Begleiter ein solches Gefühl haben.

Wir begrüßen euch trotzdem in aller Form der Etikette des menschlichen Gesellschaftsspiels auf den westlichen Erdbereichen. Sagt man so?

Egal! Guten Tag mit viel Sonne!

Wir haben uns bisher nur in den dunklen Welten aufgehalten. Doch wir wollen, dass ihr uns vergebt und uns anerkennt. Dass ihr bemerkt, dass auch dunkle Wesen ein Herz haben. Und wir wollen selbst für uns sprechen.

Vywamus hat uns gesagt, dass man um Vergebung bitten sollte, wenn man das Herz eines anderen Wesens berühren möchte. Doch im Moment verstehen wir das zu wenig und tun es trotzdem. Vielleicht haben wir euch ja wirklich Schaden zugefügt?

Ich, der am längsten dabei war, heiße seit geraumer Zeit Sebastien und bin mittlerweile Bote für unsere Belange geworden. Das ist eine schwierige Aufgabe, denn wir Boten haben uns immer mit den Vorurteilen der „Guten" herumzuschlagen, bis sie überhaupt einmal bereit sind, uns anzuhören. Und jetzt will ich noch mehr Bote sein, nämlich auch von der Lichtseite aus.

Meine beiden Begleiter sind Curian und Versän.

Sie haben mich gebeten, für sie zu sprechen, weil das Buch fertig werden soll. Und sollten sie auch noch selbst reden wollen, würden vielleicht zu viele doppelt gesagte Worte hier stehen und sie würden zuviel Zeit kosten.

Wir können doch auch nett sein, oder?

Wir drei haben immer nur in der dunklen Welt gelebt. Und Versän hat versucht, einen Menschen zu besetzen. Das hat er schnell aufgegeben, denn das hat bedeutet, dass er ständig im Krieg mit ihm war. Er wollte seine eigenen Sachen in dem Körper richtig durchbringen, und das ist misslungen, weil der andere sich gewehrt hat. Dem anderen Menschen ist dadurch Angst gemacht worden. Das war falsch gelaufen, und Versän hat schnell erkannt, dass er falsch gehandelt hat. Habt ihr überhaupt eine Ahnung davon, wie verunsichert wir manchmal sind? Und dann kommt eben die Wut.

Was wir drei sonst noch alles getan haben, möchte ich lieber verschweigen.

Jetzt sind wir davon überzeugt, dass es den „Guten" besser geht, und wir wollen auch so werden. Sie leuchten manchmal so schön und sehen erfüllt aus. Das wollen wir auch erreichen. Vielleicht werden wir ja auch einmal so wie eure Meister, wer weiß, wenn das nur wenig anstrengt?

Wir wissen, dass wir viele Prüfungen bestehen müssen, und haben uns entschlossen, erst bei der Friedensmission eine Anstellung anzunehmen, bevor wir Menschen werden, die dann wirklich gut sein wollen.

Was uns dazu gebracht hat, war, dass wir alle drei das gleiche Gefühl von Leere in uns gespürt haben. Das glaube ich wenigstens. Jedenfalls fehlt uns die Lust, uns noch weiter missbrauchen zu lassen.

Und der erste Schritt, um in die Mission aufgenommen zu werden, war der, dass wir euch Menschen um Vergebung bitten sollten.

Weil wir das getan haben, bekommen wir auch eine Anstellung hier in der Friedensmission. Wir hoffen jetzt, dass wir dadurch erfüllt werden, damit die Leere in uns verschwindet.

Könnt ihr uns achten und als Brüder und Schwestern akzeptieren? Bitte!

Vywamus sagt, wir sollen unser Aussehen beschreiben. Also, unser Aussehen ist echsenähnlich. Unsere Haut hat grüngelbe Schuppen. Wir haben allerdings Arme und Beine wie die Menschen und eine verlängerte Wirbelsäule, wie die Echsen sie meist haben. Unser Kopf ist rund mit einer lang auslaufenden Mundpartie, die auch gleichzeitig Nase zum „Atmen" ist. Unser Atem ist die Energie, die hier überall im Raum ist.

Oh, herrje, hoffentlich habe ich das jetzt richtig beschrieben.

Wenn wir Umhänge mit Kapuzen tragen, könnte man uns mit Menschen verwechseln.

Viele von euch haben schon Kontakt mit uns gehabt, hier in der dunklen Welt. Doch immer nur kurz. Und jetzt gehen wir auch aus dieser Welt heraus. Wir haben die Erlaubnis von unseren hohen Räten bekommen. Denn wir haben Gefühle bekommen, die wir zwar alle haben, nur versteckt. Wir haben sie befreit mit Vywamus' Hilfe. Wir lieben ihn so sehr. Er ist wundervoll.

Viele von uns dunklen Wesen wollen auf die Lichtseite wechseln. Doch sie haben im Moment noch zu große Angst davor, dass sie abgelehnt werden, so wie wir es bisher ja meistens auch gespürt haben. Ich glaube, wir drei sind ganz schön mutig gewesen, weil wir uns getraut haben, zu euch zu kommen und mit euch zu sprechen.

Jedenfalls sind wir sehr erleichtert, dass wir das getan haben. Jetzt haben wir auch erst einmal alles gesagt, was uns im Moment unser Herz beschwert hatte.

Vielleicht wollt ihr ja noch wissen, welche Arbeit wir demnächst verrichten dürfen.

Also, unsere neue Chefin ist Behem, eine Sekretärin der Friedensmission.

Behem, welch wunderschöner Name, und sie ist toll! Sie hat eine menschliche, weibliche Gestalt und arbeitet bei der Friedensmission. Sie ist immer gleich gekleidet, sagt sie jedenfalls. Ihre Kleidung ist fast weiß, ein langer Faltenrock, sehr klassisch, und eine Bluse in den Rockbund gesteckt. Ihre fast weißen Haare hat sie zu einem Knoten im Nacken zusammengebunden. Ihr Gesicht sieht sehr klassisch und sehr jung aus. Ihre Gestalt ist sehr schlank und sehr groß, viel größer als wir drei. Vywamus sagt, ungefähr zwei Meter fünfzig nach euren Maßeinheiten. Danach sind wir drei nur 1, 80 m groß. Sie strahlt eine wundervolle Wärme aus, wir haben uns, glaube ich, alle drei direkt in sie verliebt.

Sie wird uns weiter als Boten einsetzen, die in die Gebiete gehen müssen, in denen die Stützpunkte der Station sind. Und um da hinzukommen, müssen wir durch viele dunkle Gebiete. Sie bringt uns irdisches Schreiben in allen Sprachen eurer Welt bei, auf einem Gerät, das ihr schon aussortiert habt, einer sogenannten Schreibmaschine. Wir haben auch jeder einen Schreibtisch dafür bekommen. Hört sich für mich schon spannend an, denn bisher haben wir uns mehr mental eingebracht, also ohne eure Sprache zu kennen. (Vywamus dolmetscht mich.)

Das ist jetzt wirklich alles. Danke für euer Interesse. Und bitte denkt an die Verzeihung.

Vielleicht begegnen wir uns ja wieder einmal – irgendwo! Unsere Namen wollen wir behalten. (Wir waren auch bei der Entführung damals dabei! Ist es jetzt besser, sich dafür zu entschuldigen? Ja. Also gut. Entschuldigung.)

Grüße an euch von *Sebastien, Curian, Versän*

Thor – Erfahrungen in der dunklen Welt

Ich begrüße euch, ihr lieben Menschen. Auch ich kann euch als meine Brüder und Schwestern erkennen und bin euch sehr zugetan.

Ihr habt viel über mich gesprochen, als Germanen, Kelten und auch Christen. Die letztere Zeit war weniger schön für mich, denn da habt ihr begonnen, die ehemaligen „Götter" zu missachten – weil es ja nur den einen Gott geben durfte. Und die Menschen, die mich auch weiterhin verehrten und um Hilfe baten, wurden von denen, die ihrem Gott dienen wollten, scharenweise umgebracht, sobald diese erkennen ließen, dass sie auch weiterhin lieber die alten Götter verehren wollten. Nun, ihr kennt eure Geschichtsschreibung selbst – wenn sie auch seltener den Tatsachen entspricht, als ihr vielleicht annehmt. Doch in diesem Falle, bezogen auf die Veränderung der Zeiten der Götterverehrung, stimmt sie schon in etwa. Zumindest was die Tötung andersdenkender Menschen betraf.

So hat euch euer neuer Glaube in eine Richtung geführt, die alles Leben auf der Erde zu missachten begann. Und ebenso habt ihr begonnen, einen Teil der Lichtwesen aus eurem Bewusstsein zu verdrängen. Ihr habt begonnen, ihre Existenz in den Bereich eurer Fantasie zu verdrängen.

Es gab jedoch immer Ausnahmen unter den Menschen, die durch ihr verstecktes Anderssein zumindest ihre Gedanken und ihre Präsenz wirken ließen, um doch den kleinen Funken der inneren Wahrheit in jedem Menschen wachzuhalten.

So haben die damaligen Menschen viel Schaden angerichtet. Und wir wollen dies jetzt einmal unter diesem Aspekt betrachten, weniger aus der Sicht, ob dies nun von den Rollen, die sie zu spielen hatten, verlangt wurde. Es begannen durch diese Entwicklung die heftigsten Glaubenskriege – bis in die heutige Zeit.

Doch der Glaube an den einen, höchsten Gott ist insofern der wahre Glaube, als es tatsächlich den Ursprung der Quelle gibt, den die Christen Gott-Vater nennen.

Andersgläubige, die auch an ein höchstes Wesen glauben, haben einen anderen, ihrer Sprache angepassten Namen für diese Wesenheit gefunden. Und schon allein durch die anderen Namen der Quelle gibt es oft die heftigsten Missverständnisse. Und jeder glaubt, er hat recht! Wenn ihr alle euch öffnen würdet, um die geringfügigen Unterschiede in den Glaubensrichtungen zu erforschen, so würdet ihr auch klarer sehen.

Die Frau wird im Islam als ein geringeres Wesen betrachtet, als der Mann. Ja, ist es bei den meisten Menschen der heutigen Zeit, die dem Christentum angehören, etwa anders? Die Unterschiede in der Bewertung von Mann und Frau, die immer noch gemacht werden, kann man doch schon an den gesellschaftlichen Normen sehen. Schaut hin, meine Lieben!

Vielleicht könnt ihr dann dabei helfen, die drohende neue Hetzjagd auf islamische Glaubensbrüder und -schwestern zu verhindern. Denn sie sind auch eure Brüder und Schwestern. Denkt dabei doch bitte daran, dass jeder Mensch ein Kind Gottes ist – des Einen!

Sind eure Rollen denn wirklich so wichtig für euch, dass ihr euch an sie klammern müsst?

Auch bei manchen Lichtarbeitern sehe ich diese Art Strukturen wirken. Lasst sie los.

Da der liebe Gott ja nun offensichtlich ein anderes Wesen ist als ich, würde ich sagen: Ich bin nur ein Gott von vielen und eine Wesenheit, welche immer wieder regelmäßig zur Quelle zurückgeht, sagen wir einmal, um etwas aufzutanken.

Zur germanischen Zeit war ich der Gott Thor, der übrigens ähnliche Wunderdinge vollbringen konnte, wie dies Erzengel Michael seit Urzeiten tut.

Es gab immer schon Engelwesen, geistige Lehrer, Propheten in den geistigen Welten – und natürlich – auch auf der Erde. Und es gab immer Götter, die Hilfe suchend von den Menschen angesprochen wurden. Und so durfte ich einer von ihnen sein, der an manchen Orten im hohen Norden auch heute noch helfen darf.

Außerhalb dieser Momente habe ich ebenso meine Aufgaben zu erfüllen, wie dies jedes Wesen zu tun hat. Was unter anderem zu diesen Aufgaben gehört, erzähle ich euch gleich.

Ich danke euch, dass ihr mich zu diesem Wesen habt aufsteigen lassen.

Es war die Vorstellung der sich damals als hilflose, kleine Wesen sehen wollenden Menschen, die den Germanen ihre Götter schuf. Und so war es überall auf der Welt, und in manchen Gegenden werden die Naturgötter immer noch sehr geliebt und dem Einen Gott vorgezogen, der sich ja auch weniger deutlich zeigt, als es die Naturgötter von jeher getan haben.

Unter anderem Namen war ich euch im hohen Norden bekannt. Ihr nanntet mich Donar. Und ich war der Gott des Donners. Der Schlag mit meinem Hammer, so nanntet ihr den Donnerschlag, sollte die Fruchtbarkeit der Menschen und die der Erde erwecken. Nun, wenn ein solcher Glaube besteht, so handelt der Mensch ja auch dementsprechend.

Der Donnerstag ist somit der Tag, an dem mir gehuldigt wurde, und in manchen Wohngebieten der nördlichen Inseln wie zum Beispiel Island, ist dies auch heute noch so, obwohl der Glaube an den Einen Gott sich auch dort schon durchgesetzt hat.

Schamanen überall auf der Welt huldigen mir noch immer gerne. Sie sind mit der Natur und den lenkenden Wesenheiten sehr eng verbunden. Wie die Wesenheiten genannt werden, ist unerheblich. Ich bin sehr dankbar dafür, dazuzählen zu dürfen, damals wie auch heute.

Nun habe ich die Gelegenheit und nutze sie ebenfalls sehr dankbar, mich einigen von euch, die mich vermutlich vergessen haben, wieder in Erinnerung zu bringen. Und dabei kann ich euch auch gleichzeitig eine Erklärung dafür geben, warum manche Menschen sich lieber als „Nordlichter" denn als Bewohner der südlichen Gefilde sehen mögen. Selbst Urlaube werden von ihnen lieber im Norden verbracht als im Süden. Wir sind eben inniger miteinander verbunden, als ihr vielleicht ahnt. Und ich würde mich auch eher als einen nordischen „Typen" bezeichnen als einen südlichen. Doch damit ihr diesen Absatz besser verstehen könnt, sage ich gleich noch ein wenig mehr dazu.

Ihr seid heute größtenteils Aspekte einer großen Wesenheit, die sich irgendwann dazu entschlossen hat, sich in noch mehr Getrenntheit zu erfahren. Dies trifft auch auf mich zu.

Auch ich habe lemurische und atlantische Erfahrungen, doch war ich dabei immer noch das bewusste Wesen aus den höheren Ebenen.

Doch nachdem diese Zeiten vorüber waren und die dunkle Zeit auf der Erde beginnen sollte, habe auch ich der Erfahrung in den menschlichen Körpern in niedrigeren Schwingungen viel Neugier entgegengebracht und sie schließlich auch gemacht. Hierzu habe ich meine Bewusstheit in den jeweiligen Körpern sehr stark einschränken müssen. So erging es ja den meisten hohen Wesenheiten, die dann Menschsein in den niedrigsten Ebenen, die möglich waren, erproben wollten. Doch wer von uns hatte damals schon eine Vorstellung davon, wie lange es dauern würde, wieder das bewusste Wesen, diesmal in einem menschlichen Körper, zu werden, das wir ja in Wahrheit sind!

Eine meiner Wahrheiten bezüglich meiner Rollen ist jedoch auch die, dass ich es war, der einst der beste Freund von Vywamus gewesen ist. Unsere Freundschaft besteht auch heute noch, wenn wir auch sehr unterschiedliche Aufgaben zu erfüllen haben.

In der Entführungsgeschichte steht nur wenig über mich. Doch es ist wichtig, dass ihr über mich und meine damalige Rolle mehr erfahrt.

Ich lebe seit damals in den dunklen Welten, inzwischen so weit entwickelt, dass auch ich einer der Räte der dunklen Herren geworden bin. Es ist weniger wichtig zu wissen, wer genau ich dort bin. Ich bin ohnehin nur einer von vielen.

Die dunklen Wesenheiten werden gerne unterschätzt. Doch lasst euch sagen, sie sind ebenso intelligent, wie es die hohen Wesen des Lichtes sind. Sie wissen um all die Geschehnisse, doch anders als die Lichtwesen ziehen sie ihre Aufmerksamkeit häufiger von den Geschehnissen in den Universen ab. Dafür setzen sie Spione ein, die dann berichten, wenn etwas wichtig zu sein scheint. Und die Erde ist *wichtig*!

Sowohl die anderen Hohen Räte wie auch ich haben einige Seelenaspekte von uns auf die Erde gesandt. (Ich zusätzlich zu den anderen, die schon dort inkarniert hatten.) Vielleicht stellt ihr euch jetzt vor, wir müssten Terroranführer sein und eventuell auch den 11. September verantworten müssen. Völlig fehlgeleitete Verdachtsmomente.

Wir sind oft als die „Guten" unterwegs.

Und jetzt beginnt es, interessant zu werden.

Ihr wisst, dass ihr Licht und Schatten in euch tragt. Dies ist sehr poetisch ausgedrückt und beschönigt die Sachlage. Denn sie wirken in euch wie kleine Vulkane. Mal spuckt der eine und mal der andere. Ihr brodelt innerlich, meine Lieben. Und das ist gut so. Denn dadurch findet jeder Mensch die Erdung, die er unbedingt benötigt, um wirklich tiefgehende Erfahrungen machen zu können. Auch die Erde brodelt innerlich, und ebenso wie bei euch Menschen spuckt bei ihr ein Vulkan an dieser Stelle oder an einer anderen.

Was bringt manche Menschen nun dazu, sich wertvoller zu sehen, als sie die Erde betrachten? Sie glauben, sie sind die einzigen Wesen mit Bewusstheit! Und sie glauben, sie können fortwährend manipulieren, ohne sich verantworten zu müssen oder auch überhaupt bei ihren Tätigkeiten gesehen zu werden. Sie wollen die Dinge so richten, wie sie es für sich als besonders profitabel erkannt haben. Und ich selbst habe bei den dunklen Wesen mit einem solchen Gedankengut angefangen.

Wen wundert es da, dass sie Beweise von mir verlangten, die mir auch weiterhin die Möglichkeit gaben, in ihren Reihen forschen zu können. Vywamus sagte, ich sei ein grandioser Schauspieler gewesen. Doch auch sie hatten einige davon.

Das habe ich schmerzlich erfahren müssen, mich letztendlich allerdings doch insoweit durchgesetzt, als ich die Erforschung des Gedanken- und Gefühlsgutes der dunklen Wesen auch weiterhin verfolgen durfte. Trotzdem bin ich dem Licht auch weiterhin verpflichtet gewesen, diesmal mit dem Wissen der Hohen Räte der Dunkelheit. Ich arbeite heute Hand in Hand mit Vywamus, nur mit anderen Mitteln.

Gehen wir jetzt davon aus, dass viele Menschen in eine neue Phase des Menschseins einsteigen wollen, so sehe ich doch noch immer die Menschen, die andere Vorstellungen bezüglich ihres Lebens haben, und das sind noch immer die meisten Menschen. Und da ist es schon richtig, dass diejenigen, die sich schon in der Neuen Zeit agieren sehen, lernen, ihre Gedanken bewusst zu gebrauchen. Und da ich behaupte, letztendlich dem Göttlichen auch lichtvoll zu dienen, wie mache ich das?

Nun, meine Lieben, wir sind viele in den dunklen Welten, die gemeinsam daran arbeiten, wirklich dem göttlichen Plan zu dienen. Und so machen wir auch auf unserer Seite lichtvolle Erfahrungen, wie sie die Guten durch ihr Tun eben auch machen. Durch unsere Fähigkeit, über die menschlichen Gedankenbahnen die dunklen Seiten der Menschen aktivieren zu können, helfen wir ihnen, sie ans Licht zu ziehen.

Dies ist eine Form der Aktivität, welche die Entwicklung in die Neue Zeit heftig beschleunigt. Denn durch die Aktivitäten der dunklen Seiten in den Menschen erwachen immer mehr von ihnen, weil sie beginnen zu erkennen, dass sie grausam sind. Und sie begeben sich entweder durch Selbstmord oder durch das Eintreten in Klöster, meist in buddhistische, auf ihren wahren Weg ins Licht. Sie werden gut.

Ich bin derjenige, ohne mich nun hervortun zu wollen, der dies in Bewegung gesetzt hat. Durch das, was ich einst selbst auch getan habe, hat sich eine diesbezügliche Idee in mir festgesetzt. Denn obwohl ich versucht habe, die Frau meines Freundes zu schützen, habe ich die Grausamkeiten doch geschehen lassen, weil ich glaubte, dass mir zu wenig Macht verliehen worden war. Und mir wurde damals auch immer noch sehr misstraut, was mir schon Angst machte. So gesehen, muss ich zugeben, ich hatte Angst.

Als ich erkannte, dass die Wesenheiten sich ohnehin immer misstrauen würden, weil sie eben so waren, wie sie waren und zum Teil noch sind, habe ich mich immer mehr in ihre Systeme hineinbegeben. Und ich hoffe, dass der Gott, den ihr anbetet, meine Erfahrungen auch kommentarlos annimmt. Ich meine, ohne mir für Grausamkeiten Schuldzuweisungen zu machen.

Ich weiß natürlich, dass es so ist, wollte es euch jedoch wieder einmal ins Bewusstsein rufen.

Meine Seelenaspekte auf der Erde, es sind im Moment etliche in verschiedenen Ländern, sind ganz normale Familienväter in allen Ländern der Erde verteilt. Doch es sind auch Seelenaspekte unterwegs, die allein leben. Einige von ihnen leben in Deutschland im Norden des Landes. Sie haben sowohl männliche als auch weibliche Rollen angenommen.

Vielleicht erkennt ihr mich ja als einen höher entwickelten Seelenanteil von euch (ohne mich mit unserem Hohen Selbst zu verwechseln).

Warum ich euch das erzähle?

Es sind somit auch in einigen von euch Entscheidungen durch mich entstanden, die ihr heute als Glaubenssätze lebt. Und die Gedanken, die durch sie immer noch gebildet werden, sind für 2012 und danach im Moment höchst hinderlich. Doch auch für diejenigen von euch, die andere Seelenaspekte sind, treffen die erwähnten Glaubenssätze zu, zumindest ein Teil von ihnen.

Vielleicht seid ja ihr alle bereit, euch auch von ihnen zu lösen, wie es bereits vorgeschlagen worden ist.

Einige lauten in etwa:

Ich muss mich hinter Masken verstecken, denn wenn mich jemand erkennt, wie ich wirklich bin, werde ich wieder getötet. Ich muss meine guten Seiten nach außen leben und die anderen verstecken, sonst lehnen mich die anderen ab. (Doch auch in umgekehrter Weise entstand der Satz in mir, als ich mich tiefer ins dunkle System arbeiten wollte.)

Ich muss meine Spiritualität heimlich leben. Oder auch: Ich muss den Menschen von meiner spirituellen Entwicklung berichten, damit sie mich mögen.

Ich glaube auch an Gott, doch wann kümmert er sich um mich?

Ich tue auch weiterhin **alles für ihn.**

Und noch etliche andere Glaubenssätze sind in euch wirksam. Doch hier habe ich euch diejenigen mitgeteilt, die euch im Moment wirklich stark in eurer Entwicklung behindern.

Wie immer müsst ihr diejenigen heraussuchen, die ihr in euch erkennen könnt.

Jeder Glaubenssatz, der verändert wird, gibt den Raum für neue Glaubenssätze.

Und so sage auch ich aus den dunklen Welten zu euch, verändert eure Gedanken, und wir sind erst einmal wieder getrennt – bis auch wir in den Lichtwelten unsere einstige Essenz wiedererlangt haben.

Und wer zu mir gehört, jetzt jedoch freigegeben, der erinnert sich gerne an ein wenig Kühle, an kalten Wind und die Naturgewalten im Norden. An Schnee, an die Schluchten in den Fjorden, weil ihr dort die meisten eurer Inkarnationen gelebt habt, vom hohen Norden bis hinab in die Bretagne in Frankreich. Ihr fühlt euch eben in diesen Gebieten mehr zu Hause als in den südlicheren, weil ihr hier die starke Lichtverbindung zwischen uns fühlt.

Damit haben allerdings auch Atlantiserfahrungen zu tun. Ich sagte euch ja, dass ich auch dort zugegen war. Und beim Untergang, bei dem auch ich helfen durfte, habe ich für mich entschieden, die Erdgebiete, in denen es geschehen war, für alle Zeiten zu meiden und mich in weiteren Inkarnationen lieber in den Norden zu begeben. Ihr seht, dass meine Aspekte zum größten Teil ebenfalls dieser Entscheidung gefolgt sind.

Doch trotz allem wünscht auch ihr euch gutes Wetter mit Sonnenschein. Was das für euren Seelenfrieden und somit für eure weitere spirituelle Entwicklung bedeutet, findet bitte selbst heraus. Es wird euch sicherlich Spaß machen, so wie auch mir der wieder aufgefrischte Kontakt mit euch Spaß gemacht hat.

Und so grüße ich euch noch einmal,

Thor, der euch viel Erfolg wünscht.

Lenduce appelliert an unsere Lichtarbeitercrew

Ich begrüße euch, ihr wundervollen Lichtarbeiter, Kinder unserer geliebten Quelle.

Ihr seid mittlerweile eine große Crew, die den anderen Menschen das Licht der Quelle voranträgt.

Meine Achtung vor eurer Arbeit an euch selbst, die zu der erreichten Bewusstheit geführt hat, ist groß. Ich habe eure Anstrengungen gespürt. Und ich meine, jetzt ist es an der Zeit, euch dafür auch wieder einmal zu loben.

Aus unseren Reihen wird mit großem Wohlgefallen jeder noch so kleine Schritt von euch betrachtet. Doch einige von euch sind sehr ehrgeizig darauf bedacht, schnell voranzukommen.

Bitte lasst den Erfolg, den ihr bereits habt, in euch wirken, ohne euch immer wieder zu maßregeln, weil ihr eventuell noch zu wenig getan habt, und dies auch noch zu langsam.

Gebt euch Zeit, auch damit ihr die Stolpersteine auf eurem Weg rechtzeitig erkennt und somit ein Stolpern oder gar ein Hinfallen vermeiden könnt.

Dieses Buch, das euch in vielen Kapiteln mitteilt, dass ihr an euren Gedanken arbeiten solltet, hat eine immens große Bewegung in den kosmischen Reihen in Gang gesetzt, die ihr erst nach und nach auf der Erde spüren werdet.

Es hat die dunklen Wesen in den niedrig schwingenden Ebenen zum Aufwachen gebracht, die auch eingeschlafen waren und sich selbst mit ihren Rollen identifiziert haben. Und da sie nun mehr oder weniger wieder alle wissen, dass auch sie zum Licht gehören und eines Tages zu ihm zurückkehren werden, ist bei ihnen Hoffnung eingekehrt.

Was Hoffnung für Menschen bedeuten kann, ist euch selbst bekannt. Doch was Hoffnung für Wesen bedeutet, die sich selbst bereits aufgegeben haben, und dies für alle Zeiten, das können nur wenige Menschen ermessen, eben nur diejenigen, die dies auch selbst leben.

Und so muss ich Vywamus ein großes Kompliment machen, doch ebenso allen Wesen, die daran beteiligt waren, das Buch schreiben zu lassen. Und schließlich ist den Menschen zu danken, die das Buch jetzt unter den Menschen verteilen, damit diese informiert werden.

Das Buch zu schreiben und all die kosmischen Schwierigkeiten, die damit verbunden waren, zu überwinden, war eine wahre Meisterleistung des ohnehin bereits sehr hochentwickelten Meisters. Doch auch die irdischen Hindernisse, die von einigen der Menschen, die bei der Herstellung des Buches mitgeholfen haben, beiseite geräumt worden sind, möchte ich erwähnen. Ich danke euch allen, einschließlich euch lieben Lesern!

Dieses Buch ist wahrlich ein Geschenk an die Götter.

Es wurde euch immer wieder berichtet, dass es kosmische Schwierigkeiten gegeben hat, doch was ist damit gemeint? Und warum gibt es die Friedensmission überhaupt?

Ja, das sind Fragen, die die Menschen schon sehr interessieren. Alles Drum und Dran wurde nur vage angedeutet.

Im kommenden Kapitel wird sich Sokrates, unterstützt von Vywamus, eingehender damit befassen.

Die Menschen auf der Erde sind im Moment durch sehr heftige Katastrophen, auch im politischen und wirtschaftlichen Sektor, wahrlich sehr abgelenkt, denn es ist für sie ja wichtig, ihre eigene Existenz zu sichern. Und trotz allem Tohuwabohu um euch herum haben sich so viele Menschen gefunden, die dem Frieden Unterstützung bringen.

Ich möchte auch auf die vielen bekannten Menschen hinweisen und ihnen danken, dass sie ihre Bekanntheit nutzen, um die anderen Menschen immer wieder daran zu erinnern, wie auch sie dazu beitragen können zu helfen, und sei es mit Geldspenden. Denn Geld wird ebenfalls benötigt, um für die Menschen, die alles verloren haben, eine neue Existenz aufbauen zu können.

Es wäre genug Potenzial auf der Erde vorhanden, um alle zu versorgen, doch es ist auch zu verstehen, dass die Menschen, die viel irdisches Gut erworben haben, sich nur schwer von diesem trennen mögen.

Sie haben die Erfahrungen von Armut in jeder Form meist in anderen Leben bereits hinter sich gebracht. Auch sie haben Entscheidungen gefällt, die sie zu dem gemacht haben, was sie heute sind. Bitte versucht, auch ihre Ängste zu verstehen.

Lasst sie sein, wie sie sind, und schaut auf euch selbst. Bitte lernt, zu erkennen statt zu urteilen. So wird sich der Frieden schließlich in euch und im Rest der Menschheit und der Erde ausbreiten.

Seid gesegnet, meine über alles geliebten göttlichen Diener der Menschheit.

Lenduce

Sokrates, der große Grieche

Es ist mir eine große Ehre, euch begrüßen zu dürfen, liebe Brüder und Schwestern. Und ich kann eure Freude darüber spüren, dass ich nach so langer Zeit wieder zu euch spreche. Und diese Freude ist auch auf meiner Seite, ja, ich möchte sagen: Ich bin tief bewegt.

Nach all der Zeit möchte ich mit euch in die Vergangenheit, die Gegenwart und die Zukunft reisen, und so sage ich: Ich gehe auf eine wundersame Reise mit euch.

Auch ich war ein Mensch, wie die meisten von euch ja hoffentlich noch wissen. Ich habe mir Mühe gegeben, im Bewusstsein der Menschen wach zu bleiben. Etwas über mich zu wissen oder zumindest meinen Namen zu kennen, gehörte in fast allen Epochen zum Allgemeinwissen, über das in diesen Zeiten vor allen Dingen die Bürger der gehobenen Gesellschaftsklasse verfügen mussten, wenn sie dazugehören wollten. Und dies hat sich bis heute kaum geändert. Ich begrüße dies, denn Wissen ist Macht. So ist es nun einmal.

Doch ob das Wissen um mich „Macht" verleiht, wage ich einmal zu bezweifeln. Hinzu kommt noch, dass es im Laufe der Zeit immer wieder verändert worden ist.

Und so kann ich euch jetzt fragen: Wer von den heutigen Menschen weiß denn wirklich noch, was ich getan habe und was ich bewirken wollte? Selbst diejenigen, die damals gerne meinen Worten gelauscht haben und sich ebenfalls auf den Weg gemacht haben, die Lüge auszurotten, haben meine Worte meist vergessen. Denn ich habe ihnen ja weder Schriften hinterlassen noch andere richtungweisende Haltegurte.

Das, was später über mich geschrieben wurde, stammte meist aus Platons Feder, der einer meiner Schüler war. Ja, und wo seid ihr anderen, die einst meine Schüler waren, nach meinem Tod geblieben?

Ich war ein äußerst unbequemer Geselle für die sogenannten erlauchten Herrschaften aus der Politik. Ich war ein Aufwiegler der Massen, der jedoch auch und vorrangig im kleinsten Kreis der damaligen Machthaber mit seinen ungeschminkten Wahrheiten über sie um sich warf.

Solche Leute müssen aus den Augen der Herrschaften verschwinden. Und in den damaligen Zeiten konnten diejenigen, die Geld und Macht besaßen, unbequeme Menschen verschwinden lassen, ohne sich groß dafür verantworten zu müssen.

Doch ist das heute viel anders geworden?

Einige von euch wissen vielleicht noch, dass ich vergiftet wurde. Dieser Tod ist oft unangenehm, denn Gift wirkt meist langsam, und man hat noch Zeit, über vieles nachzudenken. Viele meiner damaligen Schüler wurden ebenfalls vergiftet. Ja, nun wisst ihr vielleicht wieder, wo die meisten von euch damals geblieben sind.

Da bis zum Tod meist noch Zeit blieb, konnten wir alle fleißig Gedankenmuster für die Zukunft entwickeln. Vielleicht in der Art wie: „Ich räche mich eines Tages an denen." „Beim nächsten Mal halte ich meinen Mund." „So etwas tun nur die, die Geld und Macht besitzen." Und, ach, so vieles ging uns damals, kurz vor unserem irdischen Tod, durch den Kopf. Doch wie die meisten Menschen, so waren auch wir bezüglich der nachhaltigen Wirkung unserer Gedankenmuster zumindest auf dieser Ebene ahnungslos.

Im Nachhinein würde ich sagen, dass ich ebenso wie Jesus und einige andere, die ihr Propheten nennt, habe darauf aufmerksam machen wollen, dass Menschsein auch möglich ist, ohne Masken aufzusetzen und sich selbst darüber zu verlieren.

Was ist aus meinen Absichten geworden? Damals wie heute gibt es Menschen, die ebensolche Absichten verfolgen. Und darum bin ich hier, um euch auf etwas aufmerksam zu machen.

Gute Absichten zu haben, ist sicher von Vorteil. Doch manche Menschen wollen unter allen Umständen ihre „guten Absichten" den Menschen zugute kommen lassen.

Ich spreche über die Menschen, die dies mit Fanatismus tun. Ziele fanatisch oder auch missionarisch zu verfolgen, heißt Gewalt ausüben! Und dies zeigt wenig Achtung vor dem anderen. Was ihr für euch als richtig empfindet, das kann sich für andere Menschen völlig anders anfühlen.

Und so habe auch ich damals ein wenig zu fanatisch versucht, die Menschen wachzurütteln. Ich bin oft missverstanden worden, denn die Menschen hatten Angst vor mir und vor ihrer eigenen Wahrheit. Sie hatten sich bereits damals mit den Rollen identifiziert, die sie spielen wollten. Viele von ihnen waren Anhänger der sophistischen Bewegung, die ich unter allen Umständen bekämpfen wollte. Ich war hart. Denn die Wahrheit ging mir über alles. Ich konnte Lügen förmlich riechen. Wie konnte das sein? Hatte ich einen feinen Geruchssinn oder einfach ein gutes Gespür?

Meine lieben Brüder und Schwestern, ich habe zuerst die Lüge in mir über mich selbst entdeckt, und das war das, wozu nur wenige meiner Schüler bereit waren, es bei sich über sich selbst zu ergründen. Sie lehnten die Praxis ab und blieben lieber Theoretiker. Und wen wundert es da, dass ich auch sie, sobald ich es entdeckte, an den geistigen Pranger stellte! Und dass daraus bei einigen mir gegenüber Hass entstand und mich meine eigenen Schüler in Verruf gebracht und bei denen angezeigt haben, die hohe Posten in der Politik inne hatten, kann man, wenn man darüber nachdenkt, verstehen. Denn es war die Folge meiner ein wenig unsensiblen Handlungen beziehungsweise Worte.

Und doch, da ich begonnen habe, den Menschen beizubringen, ihre eigene Wahrheit zu entdecken, ist der Same wohl aufgegangen. Denn es gab nach mir immer wieder Menschen, die ähnlich agiert haben, und viele von ihnen haben mich dazu zitiert. Doch trotz allem wurde ich oft einfach missverstanden, auch von den späteren Generationen.

Jetzt, im Neuen Zeitalter, sind viele Menschen bereit, sich selbst erkennen zu wollen. Doch sie haben oft Schwierigkeiten damit, denn hat man erst eine lange Zeit mit Lügenmasken gelebt, aus welchen Gründen auch immer, so kann man schon Angst bekommen, sie auch abzulegen. Man hat sich zum einen doch dahinter verstecken können (leider dann auch vor sich selbst) und zum anderen, da diese Masken meist moralisch angepasst waren, eine imaginäre Sicherheit auf der Erde erreichen können. Und Sicherheit ist ein großes Thema bei euch, wie ihr ja schon gelesen habt.

Ihr Lieben, ich bin weder enttäuscht noch verbittert, dass mich ein solches Schicksal ereilt hat, denn ich habe schon erkannt, dass ich es selbst war, der die Warnzeichen übersehen hat. Und bedenke auch ich, dass dies meine Erfahrungen sein sollten, so ergibt alles einen wirklichen Sinn für mich. Und jetzt endlich kann ich denen danken, die mir mein Leben, meine Existenz und meinen irdischen Tod ermöglicht haben. Danke!

Ich bin auf der anderen Seite geblieben, ohne Aspekte von mir abzutrennen, und arbeite in diesen Ebenen mit euch. Habt ihr jemals etwas davon auch bewusst auf der Erde gespürt?

Fast alle Menschen haben Träume, an die sie sich nach dem Aufwachen erinnern. Doch die Erinnerung an manche Träume verschwindet nach kurzer Zeit. Und weitere Menschen glauben gar, weil ihnen eine diesbezügliche Erinnerung fehlt, dass sie traumlos schlafen.

Traumforscher konnten schon vieles über Träume herausfinden. Und da ihr ja alle auch auf der Erde seid, um alles, was euch betrifft, im irdischen und feinstofflichen Kostüm auch auf der Erde wiedererkennen zu wollen, haben Traumforscher den Menschen wahrlich gut gedient.

Es gibt verschiedene Traumebenen und verschiedene Zeiten, in denen ihr träumt.

In einer eurer Traumebenen werdet ihr zunächst einmal mit den Dingen konfrontiert, die euch im täglichen Leben belasten. Seltener erlebt ihr dort Glücksmomente, vielleicht bezogen auf eine hervorragende Leistung in der irdischen Ebene, welcher Art auch immer.

Eine weitere Ebene ermöglicht euch, Träume zu gestalten. Und hier dürft ihr euer Verhalten, und damit euer Leben auf der

Erde verändern, wenn ihr erkennt, dass ihr euch gerade auf einen Weg machen wollt, der sich eurem Innersten zutiefst widersetzt. Ihr nennt dies „luzide träumen". Wie auch immer ihr in dieser Ebene handelt, es wirkt sich auf die Gedankenwelt, die ihr in eurem täglichen Leben bewusst nutzt, aus. Hier könnt ihr eure Gedanken sehr wirkungsvoll für eure Zukunft verändern. Dies ist die Ebene, in der euch immer wiederkehrende Träume ermöglichen, die Situationen so zu bereinigen, wie ihr sie eigentlich auf der Erde erleben möchtet. Hier habt ihr euch selbst eine Schule geschaffen, in der ihr lernt, umsichtig zu denken und zu handeln.

Weitere Ebenen gibt es, die zu den astralen Welten gehören. Hier könnt ihr wieder direkte Kontakte mit Verstorbenen haben, und hier bekommt ihr auch häufig Botschaften, die jedoch meist verschlüsselt sind. Anschließende Meditationen können euch helfen, die Verschlüsselung aufzulösen.

Und dann gibt es noch Ebenen, in denen andere Aspekte von euch agieren. Wir können sie auch Wesensanteile von euch nennen.

Die Arbeit, die ein geistiger Lehrer, der für diese Ebenen verantwortlich ist, dort tut, ist die, euch mit euch selbst zu konfrontieren, euch auf eure geheimsten Wünsche aufmerksam zu machen und eure Emotionen hervorzulocken. Auf diesen Ebenen erfahrt ihr sie intensiver, als ihr es euch in eurem täglichen Leben gestattet.

So bin ich jetzt hier, um die Arbeit, die ich auf der Erde begonnen habe, fortzusetzen. Wir, die wir eure Lehrer sein dürfen, konfrontieren euch dort mit eurer eigenen Wahrheit.

Dazu ist es auch wichtig, Parallelen zu den Erfahrungen anderer Wesensanteile von euch aufzuzeigen, die zurzeit vielleicht auf ganz anderen Ebenen existieren, die ihr jedoch oft im Traum besucht. Euch ist es erlaubt, während der Traumphase oder auch in sehr tiefen Meditationen eure irdische Atmosphäre zu verlassen. Euren Wesensanteilen, die sich für andere Welten entschieden haben, ist dies verwehrt.

Hier habt ihr ein Privileg des Menschen. Für eine kleine Weile wachst ihr im Traum wieder zusammen, ihr verschmelzt sozusagen wieder miteinander oder seid euch zumindest sehr nahe, und meist fühlt ihr euch dann glücklich. Und ist es Zeit, wieder in den irdischen Rhythmus zu wechseln, so fällt es den Menschen dann oft sehr schwer, in die irdische Realität zurückzugehen.

Doch auch Unglücklichsein steht in solchen Fällen auf dem Plan. Es kommt darauf an, was ihr erfahren wollt und was euer Wesensanteil erfahren will. Mit der Erinnerung an diese Begebenheiten möchten wir gerne erreichen, dass ihr auch über diesen Weg mehr Verständnis für euch und alles, was ist, bekommt. Doch es muss euch bewusst sein, darum habe ich euch darauf hingewiesen.

Das, was all diese Traumebenen so wertvoll für euch macht, ist die Tatsache, dass ihr dort euren Gedanken begegnet und sie auf den luziden Ebenen korrigieren könnt, wie ich es bereits erwähnt habe. Denn von dort nehmt ihr sie auch auf die irdische Ebene mit und sie können Fuß in euch fassen.

Nun, meine lieben Brüder und Schwestern, wir alle sind schon äußerst interessante Wesen! Und es gäbe noch vieles mehr zu diesen Themen zu sagen, doch ich habe auch noch über die kosmischen Schwierigkeiten und die Bedeutung der Friedensmission zu berichten.

Wie die Idee entstanden ist, die Friedensmission ins Leben zu rufen, hat euch Vywamus ja bereits erzählt. Das, was damit ins Leben gerufen wurde, ist schlicht und einfach eine zentrale Stelle, ein Ort der Begegnung für alle Lebewesen, die sich für den ganzheitlichen Frieden entschieden haben. Es wurden hier immer wieder Friedensverträge mit den Wesen abgeschlossen, die sich mit Gleichgesinnten zusammentun wollten. Und jeder dieser Verträge hat sich bis heute bewährt.

Diese Verträge sind natürlich auch äußerst klug formuliert, und sie verhindern einen Vertragsbruch. Das ist insofern möglich, als sich die Wesen, die ihm zugestimmt haben, bewusst und über alle Konsequenzen im Klaren sind, die ein Vertragsbruch bedeuten würde. Sie würden nämlich in ihrer Entwicklung wieder zurückfallen, was bedeuten würde, dass sie noch einmal beginnen dürfen. Es gibt unterschiedliche Stufen, die man zurückfallen kann, je nachdem, wie sehr der Vertragsbruch anderen Wesen schaden würde.

Das hört sich vielleicht für euch ein wenig nach Bestrafung an, und es sieht so aus, als ob der freie Wille hier unterminiert werden würde, doch diese Klausel ist von den Vertragspartnern einhellig als Sicherheit eingebaut worden.

Wenn man bedenkt, dass die Lebensbereiche der Wesen mitten in den dunklen Gebieten liegen und Bedrohung von diesen Seiten zur Tagesordnung gehört, wenn ich diesen Vergleich zum besseren Verständnis einmal nutzen darf, so kann man diese Maßnahme vielleicht besser verstehen. Denn Bedrohung bedeutet für die Lebewesen, dass auch sie entführt werden und auch ihr Geist manipuliert werden könnte. Denn unter den Friedenswilligen befinden sich doch auch immer noch wieder Wesen, die weniger sicher in ihren Vorstellungen sind. Sie können sich immer wieder neu entscheiden, und lassen sie sich noch von den dunklen Wesen manipulieren, würden sie durch weitere Erfahrungen die Chance bekommen, sicherer und sicherer zu werden.

Bitte versucht diese Wesen zu verstehen. Überprüft euch einmal selbst, ob ihr sicher seid, dass euch ähnliche Erfahrungen erspart bleiben.

Ich denke, dass viele Menschen sich immer noch manipulieren lassen. Es gibt so viele Manipulationsfallen auf der Erde, dass diese Möglichkeit nach wie vor besteht. Und eine der größten sind eure Medien. Hier wird Meinungsmache in jeder Form in Gang gesetzt. Doch seid ihr in der Lage, die Mitteilungen neutral zu betrachten, also ohne Verurteilung, ist bei euch die Möglichkeit, euch zu manipulieren, verwirkt.

Etwas, was nur wenige Menschen wissen, ist, dass auch in der Galaxie, nämlich in der Hauptstelle der Friedensmissionsstation, Friedensverträge mit einigen Politikern auf der Erde abgeschlossen worden sind – für die kommende Zeit, die Jahre nach 2012. Da dies auf einer anderen Bewusstseinsebene dieser Menschen und, erschwerend für das menschliche Bewusstsein, auf einer Ebene in der Galaxis geschehen ist, fehlt den meisten dieser Politiker dieses Wissen auf der irdischen Ebene. Ihr Unterbewusstsein weiß jedoch davon und es handelt dementsprechend. Sie können dadurch immer wieder auf den „rechten Weg" gebracht werden.

Doch es gibt auch Verträge mit den dunklen Mächten. Und solange dies stattfinden konnte, haben sich Menschen immer wieder bereit erklärt, ihnen auf der Erde auch weiterhin zu dienen – bis 2012.

Was nun die kosmischen Schwierigkeiten betrifft, so wurden Wesen auf Friedensplaneten von dunklen Wesen unterwandert, um so manipuliert zu werden, dass sie zur anderen Seite wechseln würden. Im Grunde sind hier die gleichen Schwierigkeiten in verstärktem Maße entstanden, wie sie euch auch auf der Erde noch immer begegnen. Seht euch um und betrachtet, wie Menschen in Institutionen handeln, die sozusagen an die Wand gedrückt wurden.

Ich denke dabei als Beispiel einmal an die Vertreter der katholischen Kirche. Sie mussten sich einigen Situationen stellen und erkennen, dass sie durch Lügen ab einem bestimmten Zeitpunkt verlieren würden. Sie haben durch sie viele Mitglieder verloren. Was müssen sie nun tun, um ihre Mitgliederzahl wieder ansteigen lassen zu können? Und dies ist nur ein System, das sich auf der Erde verändern muss.

Doch die dunklen Wesen in den Galaxien sind vergleichsweise noch in dem Stadium der katholischen Kirche am Anfang der Aufdeckung ihrer Taten. Sie wissen, dass sie noch eine ganze Weile existieren werden und kämpfen darum, dies so lange wie möglich bleiben zu können. Und durch das menschliche Gedankenpotenzial haben sie die Waffen, die ihnen zum Sieg verhelfen. An euch liegt es nun, diesen Waffen die Schärfe zu nehmen, sie sozusagen stumpf werden zu lassen. Ja, meine Lieben, ihr habt in der Tat schon eine große Verantwortung auf euch genommen, als ihr die Erde in der jetzigen Zeit zu eurem Aufenthaltsort gewählt habt.

In den Galaxien wurden durch die Veränderungen auf der Erde neue Kriege angezettelt, und die dunklen Wesen haben Stellung bezogen, um sich in großer Zahl auf der Erde inkarnieren zu können. Denn sie wollten möglichst viel von ihren einst so klug erdachten Systemen, die eure Wirtschaft und Politik betreffen, erhalten. Und so kam die Entscheidung, das Buch zu schreiben, gerade rechtzeitig, um dies zu verhindern. Es war wirklich eine bedrohliche Situation für die Erde, die sich auch auf unsere Ebenen ausgewirkt hätte.

Liebe Brüder und Schwestern, ich würde mich freuen, wenn ihr in großer Zahl bereit wäret, an der bewussten Gestaltung eurer Gedanken zu arbeiten. Schon vor Jahren gab es Bücher, in denen steht, wie ihr eure Gedanken in der Weise gestalten könnt, dass sie wirklich zum Wohle aller wirken. Doch ihr könnt sie auch verändern, wenn ihr die Verhaltenshinweise, die in diesem Buch gegeben worden sind, anwendet. Gedanken könnt ihr als Werkzeuge betrachten und sie liebevoll, jedoch frei lassend einsetzen. Und verbunden mit den neuen Energien, die von hochentwickelten geistigen Wesenheiten zu euch fließen, gestalten sie wahrlich eure Zukunft.

Ich bin sehr dankbar für euer Interesse an meinen Ausführungen, und ich wünsche euch, dass ihr gemeinsam mit der Erde die Entwicklung in die höhere Dimension bald abgeschlossen habt.

So bin ich euer Bruder und Lehrer

Sokrates, der Grieche

Lady Gaia dankt

Meine geliebten Kinder, ich begrüße euch. Viele Menschen nennen mich „Mutter Erde", doch mein kosmischer Name ist Gaia. Lady Gaia.

Meine Schwingungen sind weiblicher Natur und ich zähle zu den Planeten, die sich verpflichtet haben, vielen Lebewesen Raum und Nahrung zu schenken. Dies kann natürlich nur in Verbindung mit den Göttern der Natur geschehen. Unsere Verbindung wird getragen von unendlicher Liebe und Verständnis.

Ich habe mich an die Lebewesen, die ich alle als meine Kinder betrachtet habe, verschenkt, und das mit meiner ganzen Liebe. Mütter tun dies eben voller Liebe, jedenfalls die meisten von ihnen. Ich fühle mich auch, wie sich eine Mutter fühlt, die ihre Kinder von Herzen liebt. Die Kinder, die sich weniger liebevoll benehmen, werden meist noch mehr geliebt als diejenigen, die „brav" sind. Doch ich liebe euch alle von Herzen, ohne den einen oder anderen zu bevorzugen.

Meine Situation ist im Moment noch ein wenig beschwerlich. Es ergeht mir ebenso wie euch, die schon so viel an ihrer spirituellen Entwicklung gearbeitet haben und jetzt die Entwicklungsstufe erreicht haben, ihre Gedanken in bewusster Weise lenken zu lernen. Kommen wir jemals ans Ziel? Es sieht so aus, als ob ein Chaos ein weiteres nach sich zieht. Und überall scheinen immer wieder unüberbrückbare Hindernisse aufzutauchen. Der Weg bis hierher war wohl ein wenig steiniger, als wir uns das zu Beginn gedacht hatten.

Doch ich bin auch überglücklich darüber, dass ich schon so weit gekommen bin.

Das war nur möglich durch die vielen, vielen Lichtwesen, die mir geholfen haben. Und ein Teil dieser Wesen seid ihr, ihr Menschen, die jetzt das Buch lesen.

Seht, ich war krank. In mir gibt es „Viren", die gegen mich gearbeitet haben, ebenso wie einige von ihnen auf meiner Oberfläche gegen mich arbeiten. Als Viren bezeichne ich diejenigen, die mir ohne Unterlass schaden wollten und immer noch Schaden zufügen.

Ich habe mich gewehrt und tue dies immer noch. Doch ihr wisst, dass ich euch immer wieder gewarnt habe.

Nun kann man vielleicht sagen, dass die starken Energien, die mein feinstoffliches Feld unterstützen, bewirkt haben, die Naturkatastrophen in dieser Vielzahl und zeitlich so gedrängt stattfinden zu lassen. Ich sage jedoch, dass alles zusammenkommt. Diese Kräfte und meine Sehnsucht, die Vergewaltigungen nun endlich hinter mir lassen zu können.

Die Lebewesen, die bei den Katastrophen Schaden genommen haben, bitte ich um Vergebung. Von den Menschen wird ihnen viel Verständnis entgegengebracht, doch ich bitte auch für mich um Verständnis. Noch immer werde ich vergewaltigt und ausgeraubt, von Menschen, die doch meine Kinder sind. Und es wird wirklich Zeit, dass auch sie mich als ein Wesen ansehen, das Schmerzen empfindet.

Viele Menschen glauben noch immer, sie müssten Machtkämpfe mit mir austragen. Und viele Menschen glauben, dass ich die Verursacherin der Katastrophen bin. Dies stimmt nur zum Teil. Ohne die Vorarbeit der Menschen, die in Bereiche meines Leibes eingedrungen sind und dort ihr Unwesen treiben, wären die Veränderungen weniger heftig ausgefallen. Es sieht so aus, als ob mich die betreffenden Menschen als Wesenheit auch weiterhin missachten werden. Doch auch die Wesen in unserer Galaxie, über die in diesem Buch so Vieles berichtet wird, hatten ihre Finger nach mir ausgestreckt.

Dass dies so glimpflich für mich ausgegangen ist und ebenso auch für euch, auch wenn ihr dies vielleicht erst später wirklich erkennen könnt, habe ich den vielen lieben Wesen aus unserer Galaxie zu verdanken. Allen voran ist es wohl Vywamus, der gemeinsam mit Sanat Kumara meine Entwicklung immer im Auge behalten hat.

Ich möchte euch allen für alles danken, was ihr für mich getan habt. Ich habe erst vor kurzem entdeckt, wie sehr ich euch alle für meine Entwicklung gebraucht habe.

Ich gebe mich auch weiter in eure Hände und die der göttlichen Kraft. Voller Vertrauen sehe ich in die Zukunft und bitte euch, dasselbe zu tun.

Eure Mutter

Lady Gaia

Abschlusswort von Vywamus

Liebe Freunde, ich habe mit diesem Buch etwas in Bewegung gesetzt, was selbst mir einige Überraschungen beschert hat. Denn es haben sich noch so viele Wesenheiten gemeldet, die gerne zu Wort kommen möchten, dass ich dafür ein zweites Buch schreiben lassen werde.

Ich versprach euch, dass ihr viele unterschiedliche Wesenheiten und ihre Arbeitsbereiche kennenlernen würdet, doch es haben sich während der Schreibphase noch so viele Wesenheiten gemeldet, die vorrangig angehört werden mussten, dass ich mein Versprechen erst im nächsten Buch werde einlösen können.

Diejenigen, die hier noch auf Anhörung warten, unter anderen auch ein Zyklop, sind hocherfreut darüber, dass sie noch zu Wort kommen dürfen, und ich bin es ebenso. Denn es gibt wirklich noch viel zu sagen. Auch Syskaah hat sich in die Warteschlange eingereiht, wie auch Serapis Bey und Metatron. Doch auch eine weibliche Wesenheit von der dunklen Seite – Lady Lydia, wartet geduldig darauf, sprechen zu dürfen.

Ich empfinde die wundervollen Schwingungen, die von den Wesen ausgestrahlt werden, als einen Segen ohnegleichen.

Ich hatte geplant, im Buch auch über die Konferenz der führenden Mitglieder der Friedensmission zur intergalaktischen und irdischen Lage 2012 und danach zu berichten. Doch da sich die Situation laufend ändert, denn die Zeiten sind überaus turbulent, und die Entwicklung so schnell voranschreitet, werde ich euch erst im nächsten Buch darüber berichten. Denn der einen Konferenz werden noch einige andere folgen – alle zum gleichen Thema. Und zu diesem Thema hätte auch Sanat Kumara noch einiges zu sagen. Doch voller Verständnis tritt er vorerst zurück, um dann im zweiten Teil seine Ansichten und Beobachtungen mitzuteilen.

Ja, was so ein Aufstieg eines Planeten alles in Bewegung setzt, ist erstaunlich!

Und da ich jetzt mein vorläufiges Ziel erreicht habe, bin ich überglücklich, dass sich so viele Menschen ihrer Verantwortung wieder bewusst geworden sind und handeln.

Ihr Lieben, ich habe den Eindruck, dass ihr euch mir näher fühlt, als es zuvor war. Ich bin auch darüber sehr glücklich.

Und ebenso sehe ich, dass ihr euch zumindest schon einmal den Wesen, die ihr jetzt kennengelernt habt, verbunden fühlt.

Was kann ich mir noch mehr wünschen?

So kann doch alles nur gut werden.

Euch allen, ihr Lieben, wünsche ich die Kraft und das Licht, die euch helfen, bewusst mit euren Gedanken die Neue Zeit herbeizuführen.

In tiefer Liebe zu euch allen

Vywamus, der Bote des Friedens

✳ ✳ ✳ ✳ ✳

Abschlusswort der Autorin

Ich grüße euch, liebe Leserinnen und Leser. Ich bin sehr berührt von dem, was ich schreiben durfte.

Während einiger Meditationen, die ich in dieser Zeit machte, habe ich zu einigen Verstorbenen Kontakt bekommen, die mir erzählten, dass sie bereits, als sie noch auf der Erde weilten, für die Mission gearbeitet haben. Und sie sagten mir auch, dass schon viele Menschen für die Mission arbeiten, ohne dass sie sich dessen bewusst sind. Dies geschieht in Träumen.

Ich wünsche uns allen, die immer bewusster werden, dass wir auch bewusster für die Friedensmission arbeiten können. Was hier an Frieden und Liebe zu spüren ist, kann nur beglücken. Diese Schwingungen auf die Erde zu bringen, und das von uns Menschen, ist doch wirklich ein lohnenswertes Ziel.

Ich danke allen, die mir geholfen haben, dieses Buch zu schreiben, ob sie im Himmel wohnen oder jetzt auf der Erde weilen, von ganzem Herzen.

Petronella Tiller

Über mich

Die ersten 50 Jahre meines Leben habe ich – ich glaube, das kann man wirklich sagen – spirituell verschlafen. Ich habe ein ganz normales Leben als berufstätige Ehefrau und Mutter gelebt. Mein spirituelles Erwachen begann in Portugal, wo ich heute die meiste Zeit des Jahres verbringe. Beim Yoga lernte ich eine Reiki-Lehrerin kennen, die mich dermaßen faszinierte, dass ich mich einweihen ließ, ohne zu wissen, was da auf mich zukam.

Von da an ging alles sehr schnell. Innerhalb weniger Jahre wurde ich Reiki-Lehrerin, machte eine Ausbildung zur Reinkarnations- und Clearing-Therapeutin, wurde von Vywamus als neuer Kanal erwählt und ausgebildet.

Meine Arbeit als Medium ist sehr vielfältig und beinhaltet unter anderem: Channeling, Energiearbeit und Soulwork (Tiefenentspannung, Basisarbeit, Reinkarnation und Clearing.) Meine Arbeit ist für mich immer wieder ein wunderschönes Erlebnis, und ich bin dankbar dafür, dass ich sie machen darf.

Ich freue mich darauf, Sie kennenlernen und Ihnen auf Ihrem Weg vielleicht ein wenig weiterhelfen zu dürfen.

Petronella Tiller
Labarito – Caixa Postal 7195
7630-373 Cabacos/Reliquias – Portugal
email: petronella.tiller@web.de

Bitte umblättern...

Weitere Titel mit Vywamus

Die Kunst des Channelns
ISBN 978-3-924161-28-6

Du hast die Wahl
ISBN 978-3-924161-15-6

Die Erde ist in meiner Obhut
ISBN 978-3-924161-50-7

Das Aha-Buch!
ISBN 978-3-924161-57-6

Ermutigungen von Vywamus
ISBN 978-3-89568-172-1

Die Kunst des Channelns 2
ISBN 978-3-89568-175-2

Die göttliche Seele – Channeln 3
ISBN 978-3-89568-206-3

Fenster in die Zukunft
ISBN 978-3-89568-192-9

Meditieren mit Vywamus – CD
ISBN 978-3-89568-198-1

ch. falk-verlag

2012 im ch. falk-verlag

Der Aufstieg der Erde 2012 in die fünfte Dimension
978-3-89568-109-7

2012 und danach
978-3-89568-211-7

Die Gesellschaft 2015
978-3-89568-216-2

Die Erde, ein neuer Stern
978-3-89568-217-9

Babajis Anleitungen für die Neue Zeit
978-3-89568-215-5

Lichter des Aufstiegs
978-3-89568-208-7

Saint Germain spricht
978-3-89568-207-0

Saint Germain spricht, Bd. 2
978-3-89568-219-3

An die Lichtpioniere
978-3-89568-223-0

Das Tor zum Goldenen Zeitalter
978-3-89568-135-6

Die Schlüssel fürs Tor zum Goldenen Zeitalter
978-3-89568-177-6

Das Tor zur körperlichen Transformation
978-3-89568-137-0

Das Tor zur partnerschaftlichen Liebe
978-3-89568-145-5

Das Licht Gottes versagt nie
978-3-89568-128-8

Aufbruch in das neue Jahrtausend
978-3-89568-073-1

CD. Die neuen Wege der Liebe
978-3-89568-163-9

CD. Das Tor der Gnade
978-3-89568-169-1

…denn ich bin Liebe
978-3-89568-193-6

…und am Ende bleibt nur die Liebe
978-3-89568-201-8

Die Seele in den Meisterjahren
978-3-89568-127-1

ohne Ticket in andere Dimensionen …
978-3-89568-158-5

CD. Christuspräsenz u. Allmacht
978-3-89568-131-8

CD. Lichtsäulen-Clearing
978-3-89568-157-8

CD. Die Krönung
978-3-89568-174-5

Smile!
978-3-89568-202-5

Jesus – wenn er wiederkäme…
978-3-89568-203-2

Lichtbotschaften des Aufgestiegenen Meisters Hilarion
978-3-89568-116-5

Neue Lichtbotschaften 978-3-89568-138-7

Meister Hilarion beantwortet Lebensfragen
978-3-89568-161-5

Hilarions himmlischer Ratgeber
978-3-89568-194-3

CD. Meister Hilarions Heilmeditationen
978-3-89568-221-6

Werkzeuge der Schöpfung
978-3-89568-134-9

Herzensbildung Teil 1 und 2
978-3-89568-146-2 und -179-0

Das New Life Manifest
978-3-89568-080-9

Grenzenlos leben
978-3-89568-031-1